Renate Nuppenau

Mit Kindern unterwegs

In Schleswig-Holstein

Fleischhauer & Spohn Verlag

Titelbild: Vor dem Ahrensburger Schloss

Bildnachweis: S. 45 Stefan Brocke; S. 55, 74, 75, 113 Dieter Keilbach; S. 56 Karin Kosari; S. 68 Matthias Emmerich; S. 109 Erich Nuppenau; alle anderen Aufnahmen stammen von der Verfasserin.

Umschlaggestaltung und Layout: Rainer Wittner, 67435 Neustadt

Kartenskizze auf Umschlagrückseite: Walter Gebhard, 74821 Mosbach, e-Mail: gestaltungsatelier.gebhard@t-online.de

Karten im Text: Thomas Nagel

Gesamtherstellung: Laub GmbH & Co., 74834 Elztal-Dallau

ISBN: 3-87230-578-6

Inhalt

Inhalt

Vorwort

Mit Schleswig-Holstein verbinde ich eine rundum glückliche und erlebnisreiche Kinderzeit. Wenn ich an Urlaube mit Oma und Mama in St. Peter-Ording denke, mich an spannende Ausflüge zu den unzähligen Tierparks, den Museen, herrliche Wattwanderungen oder an die Buddelburgen an der Ostseeküste erinnere – an meine erste Seekrankheit über dem „Hamburger Loch" vor Helgoland – dann packt mich manchmal in meiner Wahlheimat das Heimweh nach Waterkant und Binnenland, nach der guten Luft, der ständig frischen Brise – an die lukullischen Köstlichkeiten der Regionen. Manchmal ist es aber auch regelrecht Fernweh, wenn ich an die sternklaren Abende an Deck meines Lieblings-Seglers denke. Außerdem gibt es in Schleswig-Holstein Orte mit weltberühmten Ortsbezeichnungen wie England, Kalifornien, Brasilien, Grönland, Sibirien und Berlin (die Hauptstraße des Ortes heißt sogar „Kurfürstendamm"). Ganz genau erinnere ich mich noch, wie fasziniert ich als kleines Mädchen war, als ich durch die Felder meiner Tante große Schiffe fahren sah. Indianer- und Wikingergeschichten in Bad Segeberg und Haithabu sowie der „Vogelhändler" in Eutin begeisterten mich schon damals. Dem Schalk Till Eulenspiegel in Mölln auf der Spur begann ich schon als Mädchen damit, mich für die vielen spannenden Geschichten über Land und Leute zu interessieren. Und so war die Vor-Ort-Recherche für dieses Buch in Begleitung von kleinen und großen Freunden nicht nur ein spannender Job, sondern auch eine große Freude. Und dieses Land hat so viele „Originale" – Menschen, die das Land lieben und es stolz und gerne mit ihren Gästen teilen. Mein besonderer Dank geht an den Verlagsleiter und sein Team, an meinen Patenonkel und meine Freunde, von denen jeder auf seine Art zum Gelingen des Buches beigetragen hat. Nun wünsche ich Ihnen und Ihren Lieben ebenso viele schöne Erlebnisse „Mit Kindern unterwegs: In Schleswig-Holstein".

Mit lieben Grüßen von der Spree, herzlichst

Ihre

Renate Nuppenau
Postfach 62 05 67
10795 Berlin

Een beten wat vörweg

Familien mit Kinner in Schleswig-Holstein to Besöök – vun Harten geern! Sied dat mien Kater dorvun weet, is he Dag för Dag ünnerwegens un söcht, wat man de Kinner wiesen kunn. Jo, man müss de Welt so kennen, as een Katt, för de dat een Speel is. As een Speel schall dat ok för de Kinner sien, sick in de Welt ümtokieken, erst dichtbi un denn een beten wieder. Un denn wüllt de Öllern mol in den Noorden Ferien moken. Se mööt sick bloots noch enig warden, wo dat nu sien schall: Oostsee, Noordsee, in de Masch achter'n Diek, op de Geest, an een vun de Seen in't Land, in een lütte Stadt, in een Dörp, villicht op een Buuernhoff oder op een vun de Inseln? – Schöön is dat överall!

„Masch" un „Geest" – wat is dat? Masch is dat platte Land, wo man morgens al sehn kann, wer nohmiddags to Besöök kümmt. Dat Land, dat höger liggt un schwüngig is, ward Geest nöömt. „Bargen" weer toveel seggt. De Masch is swoor un natt, dat is fröher mol de Grund vun de See west. De Geest is dröög un sandig mit grote Steens in den Ünnergrund. Hett nu de Düwel mit düsse Klüten üm sick smeten, un is em de Sand ut de Dasch fullen? Nee, all de Sand un de Steens sünd mit de Gletscher vun de Iestied vör wied över teindusend Johrn ut Schweden un Norwegen över de Oostsee komen. Un wenn man dat so bedenkt, is Schleswig-Holstein een Stück vun Skandinavien.

Nu gifft dat dütt Book för een Ferientied mit Kinner. Wat is dor nich all'ns to sehn un to belewen in so een Land! De Möwen un de Kreih'n weet Bescheed, un mien Katt ok. De söökt sick ümmer dat Beste ut. För uns Minschen is dat beter, wenn wi een Book to Hand hebbt, üm nohtolesen: Wo findt sick wat? Dunnerschlag, dor findt sick veel! Nu kann't losgohn: Seefohrt oder Strandspeel, Muscheln sammeln oder Krabben puul'n, mit barfte Fööt dör dat Watt lopen, oder Winnetou besöken, kieken, woans de Wikinger leewt hebbt, mitkriegen, wat Uhlenspegel för'n Spijöök mookt hett, oder in een fröhern Kohstall klassisch Musik hööр'n, villicht mol belewen, dat plattdüütsch vörleest oder sungen ward. Hier gifft dat nämlich dree Sproken: Hoochdüütsch, Plattdüütsch und Friesisch. – Wer dütt Book to Hand hett, ward wol keen Langewiel hebben, soveel kann ick allemol vörutseggen.

Cord Denker, Pastor i. R., Bargteheide

Zu diesem Buch

Familien mit Kindern zu Besuch in Schleswig-Holstein – Herzlich willkommen! Seitdem mein Kater davon weiß, ist er täglich unterwegs, um zu erkunden, was man Kindern zeigen könnte. Wie eine Katze müsste man seine Umgebung erkunden, spielerisch hierhin und dorthin laufen. Spielerisch sollen auch Kinder sich die Welt erobern, erst in der Nähe, dann etwas weiter. Und eines Tages haben Eltern die Idee, Ferien im Norden zu machen. Aber wo soll es sein? Ostsee oder Nordsee, hinterm Deich in der Marsch, auf der Geest, an einem der Seen im Land, in einer Kleinstadt oder in einem Dorf, vielleicht auf einem Bauernhof oder auf einer der Inseln? – Schön ist es überall!

„Marsch" und „Geest" – was ist das? Die Marsch ist das flache Land, wo man morgens sehen kann, wer nachmittags zu Besuch kommt. Wo das Land höher liegt und wellig ist, spricht man von Geest. „Berge" ist zuviel gesagt. Die Marsch hat schwere, feuchte Erde, ehemals war es der Meeresgrund. Im trockenen und sandigen Geestboden gibt es viele große Steine. Hat der Teufel früher mit diesen Brocken geworfen? Ist ihm der Sand aus der Tasche gefallen? Nein, Sand und Steine sind mit den Gletschern der Eiszeit vor weit mehr als zehntausend Jahren aus Schweden und Norwegen zu uns gekommen. Und so gesehen ist Schleswig-Holstein ein Stück Skandinaviens.

Nun ist dieses Buch über die Ferien mit Kindern da. Was gibt es in diesem Land nicht alles zu sehen und zu erleben! Möwen und Krähen wissen es, mein Kater auch. Die suchen sich das Beste aus. Für uns Menschen ist es gut, wenn wir ein Buch zur Hand nehmen können, um nachzulesen: Wo findet sich was? Donnerwetter, eine ganze Menge! Jetzt kann es losgehen: Seefahrt oder Strandspiel, Muscheln sammeln, Krabben pulen, barfuß durchs Watt laufen, Winnetou besuchen, entdecken, wie die Wikinger gelebt haben oder wie Eulenspiegel die Leute an der Nase herumgeführt hat, in einem ehemaligen Kuhstall klassische Musik hören, oder erleben, dass plattdeutsch gesungen oder vorgelesen wird. Hier gibt es nämlich drei Sprachen: Hochdeutsch, Plattdeutsch und Friesisch. – Wer dieses Buch zur Hand hat, wird sich nicht langweilen, so viel wage ich vorauszusagen.

Cord Denker, Pastor i. R., Bargteheide

1 Piraten auf hoher See

a) List: Ein Abenteuer beginnt
b) Föhr: Meer-Exkursion
c) Amrum: Steuermannspatent
d) Hallig Hooge: Prielschiffspatent

Wer kennt sie nicht, die Geschichten vom alten Störtebeker, der auf dem Meer sein Unwesen trieb und an Land in Hamburg und Lübeck (siehe Kapitel 32) ein angesehener Bürger war? Auf jeden Fall ist er wie wohl kein anderer ein wundervolles Piratenvorbild. Wenn man mal davon absieht, dass die Piraterie den Seefahrern damals wie heute ein echtes Gräuel ist. Aber zumindest kann man sich als Kind hervorragend – nicht nur zum Fasching – als Pirat verkleiden. Viel braucht es dazu nicht: ein altes T-Shirt, das fransig geschnitten ist, eine Hose, die ungleich hoch aufgekrempelt wurde, ein Kopftuch, vielleicht noch ein Ohrklipp und ein Säbel. Schon ist das Outfit perfekt. So kann man überall an Bord gehen und eine Menge Aufsehen erregen. Zum Beispiel auf **Sylt**. Es ist die noble „Hausinsel der Hamburger", berühmt für Surf-Meisterschaften, köstliche „Rote Grütze" und saftige Preispolitik. Also den Picknickkorb gewissenhaft packen und los geht es zur Luxus-Insel, um einmal dem Piraten-Leben zu frönen. Denn hier gibt es allerhand zu erbeuten.

In Schleswig-Holsteins nördlichstem Hafen **List**, beginnt unsere (angemeldete) Tour. Unter Anleitung des Oberpiraten kommen wir an Bord der „Gret Palucca", eine ehrwürdige, alte Dame. Punkt Glockenschlag 17.00 Uhr stechen wir in See. Dass Erwachsene an Bord nur eine untergeordnete Rolle spielen dürfen, macht den kleinen Piraten nichts aus. Denn nach dem alkoholfreien „Auslaufschluck", der Einweisung was das Bordleben betrifft und der Schiffsführung interessieren sich die jungen Matrosen sowieso vorrangig für Schiffsgesetze und Seemannschaft, Knoten, Meilen und das Leben auf See. Nachdem die alte Dame mit der quirligen Mannschaft abgelegt hat, wenden sich die jungen Piraten wichtigen Aufgaben zu. Zeit für eine Meuterei und die Gefangennahme des Kapitäns. So gelangen die kleinen Störtebekers in den Besitz einer höchst geheimnisvollen Karte und brauchen nur noch mit deren Hilfe auf dem Meer nach einem versunkenen Schatz suchen. Nachdem die wogenden Nordseewellen die Beute freigegeben haben, erleben die kleinen Piraten noch so manche Überraschung.

Übrigens: Die Sylter lassen sich gerne für ihre „Rode Grütt" (Rote Grütze) loben, die sich sehr einfach nachkochen lässt:

250 g Himbeeren, 250 g Erdbeeren, 250 g Johannisbeeren, 250 g Kirschen, 300 g Zucker und etwa 100 g Speisestärke. Die Früchte werden mit etwa einem Liter Wasser aufgekocht, danach abgeseiht.

Der Fruchtsaft wird dann mit der Speisestärke angedickt und die Früchte werden wieder hinzugefügt. Zum Abkühlen wird alles in eine Schüssel gefüllt, später gestürzt (Grießvariante). Die Süßspeise schmeckt sowohl mit Milch, süßer Sahne und selbstmurmelnd auch mit Vanillesoße und Eis. Anstelle von Speisestärke wird vielerorts auch mit Grieß angedickt.

Wer findet den Piratenschatz?

Matrosen kennen sich aber auch mit Sextanten und den Gestirnen hervorragend aus. Vielleicht findet sich ja ein Seemann, der bereit ist, den Kindern etwas über die Positionsbestimmung auf hoher See vor Ort zu erklären. Den Einfluss des Mondes auf die Bade- oder Wattwanderfreuden können die Kinder an der Nordsee eindrucksvoll erleben. Aber warum verschwindet das Wasser und kommt nach etwa sechs Stunden zurück? Der Mond und die Erde drehen sich einmal in 24 Stunden um sich selbst. Auf der dem Mond zugewandten Erdseite wirkt die Anziehungskraft des Mondes auf die Meere. Es bildet sich so etwas wie ein „Flutberg“ und auf der anderen Seite, die dem Mond abgewandt ist, entsteht auch ein „Flutberg“. Da wirkt nämlich die Fliehkraft. So gibt es zweimal binnen 24 Stunden Flut in den Weltmeeren. Und deshalb Ebbe in den übrigen Bereichen. Auch in der Ostsee! Aber da kann man es nur schwer erkennen, weil die Ostsee von Landmassen umgeben ist und die große „Flutwelle“ vom Nordatlantik sie nur sehr abgeschwächt erreicht.

i

Wie kommt man nach Sylt?

Bahn: Hamburg – Niebüll – Westerland

PKW: B 75 oder A 1

Kurverwaltung
Am Brunk 1, 25992 List/Sylt

Auskünfte: Telefon 0 46 51/9 52 00, Fax /87 13 98

Internet: www.sylt.de oder www.list.de

Piratenfahrt
Adler Schiffe, Insel- und Halligreederei Kurt Paulsen, e. K., Boysenstraße 13, 25980 Westerland/Sylt

Fahrzeiten: dienstags, freitags und je nach Anfrage in der Hauptsaison zusätzlich mittwochs und samstags

Abfahrt 16.30 Uhr
Rückkehr 18.30 Uhr

Kinder nur in Begleitung eines Erwachsenen, Voranmeldung erforderlich!

Preise:

Kinder	Euro	9,50
Erwachsene	Euro	15,00
Familienkarte	Euro	15,00

i

Auskünfte: Telefon 0 46 51/98 70 14, Fax /2 63 00

e-Mail: info-sylt@adler-schiffe.de

Seefahrttipps:

Kinder, die sich für die Seefahrt begeistern, können an der Waterkant und auf den Seen im Binnenland noch viel mehr erleben: Da gibt es das „Große Prielschiffspatent“ (Telefon 0 48 49/2 26) und das „Steuermannspatent“ (Telefon 0 46 82/23 33) zu erwerben oder eine „Meer-Exkursion“ mit einem Krabbenkutter (Telefon 0 46 81/35 56 oder 13 13) zu machen. Ahoi!

Tipp:

Wer noch tiefer in die Geschichten rund um die Planeten und ihre Wechselwirkungen einsteigen will, dem sei ein Besuch im Planetarium in der Fachhochschule Kiel (siehe Kapitel 16) empfohlen.

Hier gibt es sogar ein Programm für Kinder ab 4 Jahren – vorher anrufen und nach den Terminen fragen (Telefon 04 31/17 41).

2 Physik kann ja so spannend sein...

Physikalische Experimente in der Phänomenta Flensburg

Das Konzept der **Phänomenta** in **Flensburg** ist denkbar einfach: Bei den Besuchern soll das Interesse für physikalische Prozesse geweckt und faszinierende Phänomene anschaulich gemacht werden. Museums-Motto: „Berühren erwünscht!". Unweit des Flensburger Wahrzeichens, dem *Nordtor*, entstand in einem Komplex historischer Kaufmannshäuser ein ungewöhnliches Museumsprojekt. Egal welche schulische Vorbildung die kleinen und großen Besucher haben – auf den vier Etagen sind mit circa 150 Experimenten so viele aufgebaut, dass alle Besucher etwas zum Erkunden finden. Und keine Angst: Es sind ständig Betreuer im Haus, die gerne Auskunft geben, warum was wie funktioniert. Und überhaupt: Sind die Kinder erst einmal im Gebäude mit oder ohne Fragebogen (gibt es an der Kasse) unterwegs, dann gibt es kein Halten mehr, denn es macht Spaß, die Dinge zu „begreifen". Der *Morsetisch*, an dem das Alphabet so anders klingt, optische Täuschungen, Experimente zu Schwingungen, der *Duftschrank* und anderes will erforscht werden. Der *„Mondgleiter"* simuliert das Gehen auf dem Mond – wer möchte da nicht mal in der Außenanlage der Ausstellung Astronaut sein? Aber auch die unterschiedlichen Bodenbeläge, die Gegenstände im Gang und unterschiedlichen Gerüche, die im stockfinsteren *Dunkeltunnel* zu entdecken sind, helfen, sich eine ganz andere Welt vorzustellen: die eines blinden Menschen. Toll, dass eine Betreuungsperson am Tunnel im Raum ist, die hilft, eine neue Welt zu erkunden. Krabbeln müssen die Besucher selbst, je nach Gusto mit Elternteil oder Kind.

Aber auch die Experimente zur Elektrostatik mit dem tierisch lustigen Namen „Elektro-Flöhe" lassen den Schulalltag vergessen und die Experimente zum Thema Magnetismus machen so manchen zum Physikexperten. An Chlandi-Scheiben können Sandfiguren hergestellt werden und überhaupt ist dieses Museum ein echter Erlebnisspielplatz:

Beim Turm von Hanoi, einem Spiel mit verschieden großen Scheiben, können die Besucher ihr logisches Denkvermögen prüfen. Die Ausgangsposition ist ganz einfach: Fünf Scheiben liegen übereinander auf einem Stäbchen und sollen mit Hilfe von drei Stäben auf ein anderes Stäbchen gebracht werden. Dabei gelten folgende Regeln: Es darf immer nur eine Scheibe bewegt und größere Scheiben dürfen nicht auf kleinere Scheiben gelegt werden. Ziel ist es, mit möglichst wenig Zügen die Scheiben von A nach B zu verlegen.

Kurzum: Es ist ein Museumsbesuch der besonderen Art, den die Kinder lästigen Physikhausaufgaben auf jeden Fall vorziehen werden. Das Geheimnis: Die direkte Wahrnehmung soll die Neugier wecken, sich selbstständig die Zusammenhänge zu erschließen. So werden die

Sinne (Sehen, Tasten, Hören, Riechen, Schmecken) angesprochen und die lehrreiche Auseinandersetzung mit den physikalischen und technischen Prozessen und Effekten erfolgt fast von allein.

Wie kommt man nach Flensburg?

Bahn:	Hamburg – Flensburg
PKW:	A 7 Hamburg – Flensburg

Tourist-Information & Service
Speicherlinie 40, 24937 Flensburg

Auskünfte:	Telefon 04 61/9 09 09 20, Fax /9 09 09 36
e-Mail:	info@flensburg-tourist.de

Phänomenta
Norderstraße 157 – 163, 24939 Flensburg

Öffnungszeiten:	Oktober bis Mai	
	montags bis freitags	9.00 – 16.30 Uhr
	samstags	12.00 – 18.00 Uhr
	sonntags	10.00 – 17.00 Uhr
	Juni bis September	
	sonntags bis freitags	10.00 – 18.00 Uhr
	samstags	12.00 – 18.00 Uhr
Eintritt:	Kinder/Ermäßigte	Euro 5,50
	Erwachsene	Euro 7,50
	Familienkarte	Euro 20,00
Auskünfte:	Telefon 04 61/1 44 49-0, Fax /1 44 49-20	
Internet:	www.phaenomenta.com	
e-Mail:	science@phaenomenta.com	

Tipp:
Wie wäre es mal mit einem Museumswochenende in Flensburg? Da gibt es die Johannisburger Heimatstube, das Naturwissenschaftliche Museum, den Museumshafen, die Museumswerft, das Schifffahrtsmuseum, den Salondampfer Alexandra, die Geschichtshistorische Sammlung und den Museumsberg Flensburg. Einfach Info-Material über die Museen anfordern und dann nix wie los.

3 Mit der Museumsbahn zum Heringszaun

Von Süderbrarup nach Kappeln

Eine romantische Anfahrt nach **Kappeln** lässt sich leicht mit Deutschlands nördlichster Museumseisenbahn erleben. Mit der **Angelner Dampfeisenbahn** fahren Jahr für Jahr etwa 15 000 Besucher auf der Hausstrecke von **Süderbrarup** nach Kappeln. (Vorher nach den Betriebstagen erkundigen.) Auf der 13 Kilometer kurzen Strecke rattert und zischt der schmucke schwarze Dieselzug in gemütlicher Fahrt über *Scheggerott* und *Wagersrott* zum Kappelner Südhafen, dem Yachthafen. Hin- und Rückfahrt dauern etwa anderthalb Stunden.

Wir folgen dem Wandervorschlag des Kappelner Lehrers Hans Friedrich (Fite) Müller und gehen vom Bahnhof aus am Hafen entlang zur Drehbrücke, die 1927 erbaut wurde. Wer von der Brücke schaut, sieht den durchaus noch funktionierenden **Heringszaun** (15. Jahrhundert). Genauer gesagt sieht man nur einige Stöcke, die über die Wasseroberfläche herausragen. Wie wäre es jetzt mit einem köstlichen Räucherhering? In der *Fischräucherei Föh* wird seit über 75 Jahren nach alter Tradition geräuchert. Zu erkennen ist die Räucherei ganz einfach an den drei markanten Schornsteinen und inmitten der Räucherei gibt es ein Fischgeschäft. Das Angebot ist breit gefächert: Frischfisch, Marinaden und natürlich Räucherfisch.

Einmal im Jahr, am Himmelfahrtstag, steht der 1482 erstmals erwähnte Zaun im Mittelpunkt der so genannten „Heringswette“. Zu diesem Vergnügen gesellen sich Einheimische und Touristen, um das Fangergebnis zu schätzen. Wer am dichtesten dran liegt, wird für ein Jahr zum „Heringskönig“.

Doch wie funktioniert der aus der Mode gekommene Zaun? Zwischen sehr stabilen und eng eingerahmten Pfählen wird Buschwerk geflochten, so dass das Wasser, aber nicht die Fische, durch die Wand kann. Der weit geöffnete „Eingang“ des Zaunes wird zur Brücke immer enger und endet in einer Reuse, der dann die Fische entnommen werden. Es ist ein funktionstüchtiges Wirtschaftsdenkmal.

Vielleicht mögen die Kinder noch einen Blick auf die Figur des heiligen Christophorus werfen. Er ist der Schutzpatron der Fährleute und steht in der *Kappelner Kirche*. Er ist für die Kappelner so wichtig, dass er auch im Stadtwappen seinen Platz hat. Von der Ostseite des Kirchengrundstücks können die Kinder gut das Geschehen im Nordhafen beobachten. Wer mag, geht direkt zu den Kuttern und kauft fangfrischen Fisch. Lecker. Auf der Stadtseite der Kirche fällt unser Blick auf das Rathaus und wir wandern auf unserem Rundgang zur „Schmiedestraße“. Bald kommen wir über die Reeperbahn, hier wurden einst Taue für die Seefahrt hergestellt, zur Mühle „Amanda“, dem Aushängeschild der Stadt. „Amanda“, eine Dame holländischer

Bauart von 1888, ist die höchste Windmühle in Schleswig-Holstein und hat einen Rundgang von dem aus man schöne Fotos machen kann. In diesem geschichtsträchtigen Gebäude findet sich auch der Fremdenverkehrsverein. Die Mitarbeiter helfen freundlich weiter, wenn die Urlauber sich in die Region verliebt haben und spontan ein paar Tage bleiben wollen.

Weiter geht es durch die „Prinzenstraße" mit ihren schönen alten Häusern. Und wenn wir weiter gehen, kommen wir in die Nähe des Hafens und zurück zu unserem Bahnhof. Tut, tut, tut – hier dampft die Bimmelbahn...

Auf der Brücke am Heringszaun ist fix was los

Wie kommt man nach Kappeln?

Bahn:	Eckernförde bis Süderbrarup, dann Museumseisenbahn
PKW:	A 7 Abfahrt Schleswig/Schuby, B 201 bis Kappeln

Fremdenverkehrsverein
Schleswiger Straße 1 (Mühle), 24376 Kappeln/Schlei

Auskünfte: Telefon 0 46 42/40 27, Fax /54 41

Tourist-Information
Königstraße 3, 24392 Süderbrarup

Auskünfte: Telefon 0 46 41/20 47, Fax /34 61

Museumseisenbahn
Dampfeisenbahn am Lokschuppen

Öffnungszeiten:	auf Anfrage
Fahrpreise:	auf Anfrage
Auskünfte:	Telefon 0 46 42/44 45, oder Telefon/Fax 04 61/1 11 31 12

Übernachtungsmöglichkeit:
Jugendherberge, Eckernförder Straße 2, 24376 Kappeln
Auskünfte: Telefon 0 46 42/85 50

Fischräucherei
Aal- und Fischräucherei Friedrich Föh, Dehnthof 28, 24376 Kappeln

Auskünfte: Telefon 0 46 42/22 74

In Haithabu bei Schleswig auf Wikingerspuren

Sie waren hervorragende Seefahrer und Kaufleute. Sie machten **Haithabu** binnen kurzer Zeit zum größten Warenumschlagplatz des Nordens. Mit ihren Schiffen kamen sie bis nach Konstantinopel und Neufundland, wo sie einheimische Erzeugnisse gegen exotische Waren eintauschten. Die ganze Welt war überzogen mit einem Netz von Handelswegen, an deren Knotenpunkten die Wikinger so wie die Slawen wichtige Stützpunkte einrichteten. Haithabu (wikingisch: „Siedlung auf der Heide“), meinen die Forscher, sei wahrscheinlich Mitte des 8. Jahrhunderts von den Dänen gegründet. Im **Wikinger-Museum** können wir gut nachvollziehen, was sich in dem alten Ort mit den mindestens 1 000 Bewohnern Tag für Tag abspielte. Dreimal wurde Haithabu abgebrannt und so zog man schließlich ein Stückchen weiter und gründete **Schleswig.** Damals hieß es Schliersdorp – und war eine kleine Fischersiedlung. Haithabu geriet in Vergessenheit und heute erinnern nur noch die Ringanlage und das Museum sowie neue interessante Funde an die Handelsmetropole von einst.

Den Bahnhof im Rücken folgen wir rechts der „Mannsteinstraße“, dann überqueren wir den *Husumer Baum*, halten uns rechts und laufen die „Friedrichstraße“ entlang. Bald können kleine und große Krabbelmaxe auf dem Spielplatz linker Hand toben. Nach der Rast geht es weiter: unter der Autobahnbrücke durch, über die ungesicherte Straße und dann immer weiter entlang am Südufer der Schlei. Bald erreichen wir das Wikinger-Museum. Ein Muss für den nächsten Besuch: die Stiftung Schleswig-Holsteinische Landesmuseen Schloss Gottorf (Telefon 0 46 21/8 13-0).

Aber noch einen Schritt zurück in die Geschichte: König Göttrick von Dänemark baute 737 n. Chr. einen Verteidigungswall: das Danewerk mit einer Gesamtlänge von 30 Kilometern. So zeigte einst der König von Dänemark, dass die erfolgreich Handel treibende Siedlung von niemandem streitig zu machen sei. Als dann der Missionar Ansgar (später wurde er sogar Erzbischof von Hamburg-Bremen) eine Kirche baute und der Nachfolger Göttricks seinen Untertanen freistellte, Christen zu werden, da kamen sogar noch mehr Kaufleute. Schließlich hatte man jetzt keine Angst mehr vor den Bewohnern des kleinen Ortes auf der „kimbrischen Halbinsel“. Und genau dort, wo die Schlei tief in das Festland einschneidet, finden wir unser Ausflugsziel.

1985 eröffnete das **Museum** und die Schausammlung informiert seitdem umfassend über die Fragen und Ergebnisse der Forschung. Die

Siedlung, ihre Bauwerke, Befestigungsanlagen und Schiffe werden in Rekonstruktionen und anschaulichen Modellen dargestellt. Aber wir erfahren auch Wissenswertes zu den Fundstücken aus den Bereichen Haushalt und Wohnen, Ernährung, Bekleidung und Schmuck. Die Kinder stehen in der Schiffshalle staunend vor dem hölzernen Rumpf eines echten Wikingerbootes oder genießen den informativen Kino-Film, der das Leben der Wikinger so anschaulich beschreibt.

Übrigens haben Archäologen 1953 im Hafenbecken des ehemaligen Handelsplatzes ein echtes Wikingerschiff gefunden. Bislang wurde es noch nicht gehoben, weil die Finanzen dafür fehlten.

Alle zwei Jahre (2002, 2004, 2006,...) treffen sich die Neuzeit-Wikinger in Schleswig in einem Dorf, dass die Wikingergruppe „Open Skjold" sich extra aufbauen. Die Gastwikinger kommen aus Norwegen, Schweden, Dänemark und Polen, um ihr Handwerk zu zeigen

Interessant: das Wikingerboot in der Museums-Schiffshalle

und mit den elenden Vorurteilen aufzuräumen. Denn eines steht für sie fest: Die Wikinger hatten damals keine Hörner auf ihren Helmen, denn die brauchten sie, um sich gegenseitig zuzuprosten. Wahlweise mit Met oder anderen vergorenen Getränken. Ein Angebot der Stadt Schleswig: Stadtführung mit echtem Wikinger.

Wem die Füße noch nicht müde wurden, dem sei eine Wanderung auf den Wallanlagen des *Danewerks* empfohlen. Ab dem Museum ist alles bestens ausgeschildert. Tja, und für alle, die den kostenlosen Parkplatz am Museum nutzen, ist ein ausgiebiger Spaziergang gen Westen eh Wikinger-Ehrensache.

Wie kommt man nach Busdorf?

Bahn:	Hamburg – Flensburg, ab Bahnhof Schleswig ca. 3 km Fußweg, oder Bus nach Kiel bis Haltestelle „Haddeby“
PKW:	A 7 bis Abfahrt Schleswig, Richtung Schleswig B 77, dann B 76 und den Hinweisschildern folgen

Tourist-Information Schleswig
Plessenstraße 7, 24837 Schleswig

Auskünfte:	Telefon 0 46 21/98 16 16, Fax /98 16 19

Wikinger-Museum Haithabu
Stiftung Schleswig-Holsteinische Landesmuseen Schloss Gottorf, 24837 Schleswig

Öffnungszeiten:	April bis Oktober	9.00 – 17.00 Uhr
	November bis März dienstags bis sonntags	10.00 – 16.00 Uhr
Eintritt:	Kinder (ab 6 J.)	Euro 2,00
	Erwachsene	Euro 3,00
	Familienkarte	Euro 7,00
Auskünfte:	Telefon 0 46 21/8 13-3 00	
Internet:	www.schloss-gottorf.de	
e-Mail:	info@schloss-gottorf.de	

Tipp:
Nach soviel Geschichte ist es für die Kids vielleicht spannend, selbst Geschichte zu schreiben. Wie wäre es mit Rennfahrergeschichten? Den „Schleswig-Ring“, eine Outdoor-Kartbahn, finden die jungen und jung gebliebenen Fahrer in Schleswig in der Heinrich-Hertz-Straße 13, 24837 Schleswig (Telefon 0 46 21/95 76 80).

Wattwanderung zur Hallig Südfall

Die Norddeutschen, besonders die Friesen, kennen und lieben ihre launische Nordsee. Doch nicht ohne Grund haben sie ihr den Beinamen „Mordsee“ gegeben. So auch der Schriftsteller Detlev von Liliencron (1844 bis 1909) der mit seinem Gedicht „Trutz, Blanke Hans“ Verstand und Herz trifft.

Trutz, Blanke Hans

Heut bin ich über Runghold gefahren,
Die Stadt ging unter vor sechshundert Jahren.
Noch schlagen die Wellen da wild und empört,
Wie damals, als sie die Menschen zerstört.
Die Maschine des Dampfers schütterte, stöhnte,
Aus den Wassern rief es unheimlich, höhnte:
Trutz, Blanke Hans.

Von der Nordsee der Mordsee, vom Festland geschieden,
Liegen die friesischen Inseln im Frieden.
Und Zeugen weltvernichtender Wut,
Taucht Hallig auf Hallig aus fliehender Flut.
Die Möwe zankt schon auf wachsenden Watten,
Der Seehund sonnt sich auf sandigen Platten.
Trutz, Blanke Hans.

Mitten im Ozean schläft bis zur Stunde
Ein Ungeheuer, tief auf dem Grunde.
Sein Haupt ruht dicht vor Englands Sand.
Und zieht, sechs Stunden, den Atem nach innen
Und treibt ihn, sechs Stunden, wieder von hinnen.
Trutz, Blanke Hans.

Rungholt ist reich und wird immer reicher,
Kein Korn mehr faßt selbst der größeste Speicher.
Wie zur Blütezeit im alten Rom,
Staut hier täglich der Menschenstrom.
Die Sänften tragen Syrer und Mohren,
Mit Goldblech und Flitter in Nasen und Ohren.
Trutz, Blanke Hans.

Auf allen Märkten, auf allen Gassen
Lärmende Leute, betrunkene Massen.
Sie ziehen am Abend hinaus auf den Deich:
Wir trotzen dir, Blanker Hans, Nordseeteich!

Und wie sie drohend die Fäuste ballen,
Zieht leis aus dem Schlamm der Krake die Krallen.
Trutz, Blanke Hans.

Die Wasser ebben, die Vögel ruhen,
Der liebe Gott geht auf leisesten Schuhen.
Der Mond zieht am Himmel gelassen die Bahn,
Belächelt der protzigen Rungholter Wahn.
Von Brasilien glänzt bis zu Norwegens Riffen
Das Meer wie schlafender Stahl, wie geschliffen.
Trutz, Blanke Hans.

Und überall Friede, im Meer, in den Landen.
Plötzlich wie Ruf eines Raubtiers in Banden:
Das Scheusal wälzte sich, atmete tief,
Und schloß die Augen wieder und schlief.
Und rauschende, schwarze, langmähnige Wogen
Kommen wie rasende Rosse geflogen.
Trutz, Blanke Hans.

Ein einziger Schrei – die Stadt ist versunken,
Und Hunderttausende sind ertrunken.
Wo gestern noch Lärm und lustiger Tisch,
Schwamm anderen Tags der stumme Fisch.
Heut bin ich über Rungholt gefahren,
Die Stadt ging unter vor sechshundert Jahren.
Trutz, Blanke Hans.

Detlev von Liliencron (1882)

Doch wer denkt an den „Blanken Hans“, den schrecklichen Sturm, wenn die Sonne das Watt erwärmt hat und die Füße auf dem wellengezeichneten Boden ihre Abdrücke hinterlassen? Dennoch ist immer und in jedem Fall vor und während einer Wattwanderung besondere Achtsamkeit geboten. Aber nach alter Schleswig-Holsteiner Tradition: „Bangemoken gült nich“ (Angst machen zählt nicht). Sicher wandert man nur mit einem heimischen und geschulten Führer durch das Watt, der von der jeweiligen Kurverwaltung vermittelt wird. Der kennt sich nicht nur mit Ebbe und Flut, sondern auch mit anderen örtlichen Begebenheiten bestens aus. Außerdem weiß er jede Menge spannender Geschichten über seine Heimat zu erzählen. Zu einem der beliebtesten Wattenwege gehört die Strecke von **Alter Koog** zur **Hallig Südfall**. Los geht der vier- bis zu fünfstündige Spaziergang im Westen der Insel (mit Landanbindung über einen Straßendamm) von der *Badestelle Fulehörn* bei ablaufendem Wasser. Für diese Wanderung sind wir von den Gezeiten abhängig – und vom Wetter. Aber auch hier wissen die Alten Trost: „Auf gut Wetter vertrau, beginnt der Tag nebelgrau!" – jedoch sollte niemand so waghalsig sein und bei Nebel ins Watt wandern oder bei solchen Witterungsverhält-nissen bei einer Deichwanderung den Deich verlassen. Solche Experimente können lebensgefährlich sein. Einzelwanderer dürfen sowieso nicht auf die Hallig, weil die Hallig Südfall Naturschutzgebiet ist und nur mit fachkundiger Führung betreten werden kann. Der Wattenführer hat eine Grabegabel dabei und zeigt seinen Mitwanderern nicht nur Muscheln, sondern äußerst interessante Wattenfunde. Holzpfähle, Tonscherben – bei jeder Ebbe gibt es etwas anderes zu finden. Und wenn wir zur Insel ohne Deich gelangen, eben zur Hallig, dann muss der Familienbegleithund an die Leine und die Kinder dürfen sich auf einen spannenden, naturnahen Vortrag freuen. Auf der Warft steht ganz oben auf der Hallig ein Haus, in dem normalerweise die Halligbewohner und ihre Tiere Schutz bei „Land unter" finden. So eine Hallig wird im Jahr etwa bis zu zehnmal überflutet und das auch nur in den Herbst oder Wintermonaten. Also – keine Bange!

i

Wie kommt man nach Nordstrand?

Bahn:	Hamburg – Husum, ab Husum Bahnhof mit dem Bus auf die Insel Nordstrand
PKW:	A 23 Hamburg – Heide, B 5 (grüne Küstenstraße), ab Hattstedt ist Nordstrand ausgeschildert

Kurverwaltung
Schulweg 4, 25845 Nordstrand

Auskünfte:	Telefon 0 48 42/4 54, Fax /90 09 90
Internet:	www.nordstrand.de
e-Mail:	Zimmervermittlungnordstrand@t-online.de

Tipp:
Vor Ort einen „Tidekalender" (Tide = Ebbe und Flut) besorgen. Wer nicht laufen kann oder mag, kann binnen drei Stunden mit einer Pferdewagenfahrt (Mai bis Mitte Oktober) zur Hallig gelangen.

Muscheln sammeln, Bernsteine suchen – Wattwanderungen machen der ganzen Familie Spaß

6 Knecht Ruprecht und die Krabbenkutter

Theodor Storm in Husum auf der Spur

Die alten Husumer Fischer erzählen gern gruselige Vorahnungen über dichte Nebel und heftige Stürme. Sie erinnern an Goethes schaurigen „Schimmelreiter“, den Unheil bringenden Erlkönig, der so spät durch Nacht und Wind reitet. Im dänischen Originaltext – vor der Übersetzung – war er übrigens noch ein Elfenkönig!
Weitaus schönere Vorahnungen haben wir bei den ersten Gedichtzeilen aus einem Werk des wohl berühmtesten Sohnes der Stadt **Husum:**

Von drauß', vom Walde komm' ich her;
Ich muß euch sagen, es weihnachtet sehr!
Allüberall auf den Tannenspitzen
Sah ich goldene Lichtlein blitzen;
Und droben aus dem Himmelstor
Sah mit großen Augen das Christkind hervor.
Und wie ich so strolcht' durch den finstern Tann,
Da rief's mich mit heller Stimme an:
„Knecht Ruprecht“, rief es, „alter Gesell,
Hebe die Beine und spute dich schnell!
Die Kerzen fangen zu brennen an,
Das Himmelstor ist aufgetan,
Alt' und Junge sollen nun
Von der Jagd des Lebens einmal ruhn;
Und morgen flieg' ich hinab zur Erden,
Denn es soll wieder Weihnachten werden!“
Ich sprach: „O lieber Herre Christ,
Meine Reise fast zu Ende ist;
Ich soll nur noch in diese Stadt,
Wo's eitel gute Kinder hat.“
\- „Hast denn das Säcklein auch bei dir?“
Ich sprach: „Das Säcklein, das ist hier:
Denn Äpfel, Nuß und Mandelkern
Essen fromme Kinder gern.“
\- „Hast denn die Rute auch bei dir?“
Ich sprach: „Die Rute, die ist hier:
Doch für die Kinder nur, die schlechten,
Die trifft sie auf den Teil, den rechten.“
Christkindlein sprach: „So ist es recht;
So geh mit Gott, mein treuer Knecht!“
Von drauß', vom Walde komm' ich her;
Ich muß euch sagen, es weihnachtet sehr!

Nun sprecht, wie ich's hierinnen find!
Seid's gute Kind, sind's böse Kind?"

Theodor Storm

Knecht Ruprecht ist also eine Nordsee-Spezialität, ebenso wie sein Verfasser „Tetsche Wind", wie er nach Mundart heißt. Wobei Mai-Schollen, oder die kleinen rosa Krabben sicher eher als eine solche bekannt sind. Und so können wir im Husumer Hafen, wo die Krabbenkutter mit ihrem frischen Fang täglich landen, klasse Gedichte lernen, in einer der zahlreichen Gaststätten Fisch essen oder uns von einem Fischer zeigen lassen, wie man Krabben pult. Mit ein bisschen Übung und flinken Fingern lassen sich die kleinen, gekochten Meeresbewohner schnell von ihrer Hülle befreien. Der Trick: Die Krabbe mit beiden Zeigefingern und beiden Daumen anfassen, dann vorsichtig um die „Taille" drehen. Mit der einen Hand vorwärts, mit der anderen rückwärts – dann gibt es ein leichtes Knacken und nun wird erst am Schwanz, dann am Kopf gezogen. Wer nicht schon zwischendurch alle Krabben aufnascht, könnte sie sich zusammen mit einem Rührei zu einem köstlichen Abendessen zubereiten. Besonders hungrig ist man vor allem nach einer Kutterfahrt – und dann sehen die Kinder auch gleich, dass es eigentlich gar nicht so viel ausmacht, wenn wir ein paar Krabben essen. Schließlich werden pro Jahr rund zehn Millionen Kilogramm aus der Nordsee gefischt!

Wer noch mehr über die Fischerei erfahren will, bleibt im Hafen und geht direkt in das am Binnenhafen gelegene Gebäude gegenüber dem schicken Rathaus ins **Schifffahrtsmuseum Nordfriesland**. Die Sozialgeschichte der nordfriesischen Seefahrer und ihrer Familien ist hier verständlich aufgezeigt. Sogar die heute noch in Husum arbeitenden Werft- und Fischereibetriebe lassen hier auf ihre historischen Wurzeln schauen. Modelle von Walfangschiffen und das Heckschiff einer so genannten „Eiderschnigge" zeigen eindrucksvoll den Schiffbau aus vergangenen Zeiten.

Im Hof des Museums können die Kinder obendrein noch Bauteile von Schiffen und anderen maritimen Dingen erkunden. Unvergesslich für die meisten Besucher ist das Zuckerschiff aus Uelvesbüll.

Frische, leckere Nordseekrabben gibt es im Husumer Hafen

Wie kommt man nach Husum?

Bahn:	Hamburg – Husum – Niebüll
PKW:	A 7, B 201

Tourist-Information
Großstraße 27, 25813 Husum

Auskünfte:	Telefon 0 48 41/8 98 70, Fax /89 87 90
Internet:	www.husum.de
e-Mail:	ti@husum.de

Schifffahrtsmuseum Nordfriesland
Am Zingel 15, 25813 Husum

Öffnungszeiten:	täglich		10.00 – 17.00 Uhr
Eintritt:	Kinder	Euro	1,00
	Erwachsene	Euro	2,30
	Familienkarte	Euro	6,00
Auskünfte:	Telefon 0 48 41/52 57		

Tipp:
Husum zählt zu den Nordseebädern, in denen extra Wattwanderungen für Kinder angeboten werden – Informationen gibt es bei der Tourist-Information.
Bei der Tourist-Information lassen sich auch Termine für andere touristische Attraktionen erfragen, wie z. B. das alljährliche Krokusblütenfest. Die Krokusblüten wurden einst von den Nonnen zum Färben verschiedener Stoffe benutzt – somit hat das Krokusblütenfest eine historische Grundlage.

7 Zu den Sehenswürdigkeiten der Welt

Ganz kleine große Bauwerke stehen in Owschlag

Wer aus Richtung Hamburg mit dem PKW über die A 7 fährt, sollte an dem Rastplatz vor der *Rahder-Hochbrücke* unbedingt einen Zwischenstopp einlegen. Direkt vom Rastplatz aus führt ein kleiner Schotterweg Richtung Nord-Ostsee-Kanal. Hier können die Kinder ganz in Ruhe Schiffe beobachten, die die berühmte Seestraße passieren. Auch kann man entlang der Wirtschaftswege ein gutes Stück mit dem Wasser Richtung Nord- oder Ostsee wandern. Wie wäre es mit einem Blick auf Rendsburgs Hafen?

Im Sommer ist der beliebte Parkplatz allerdings oftmals hoffnungslos überfüllt. Von der einen zur nächsten Brücke ist mit dem Finger auf der Landkarte meist nicht mal ein Katzensprung. Aber wer im Original-Maßstab unterwegs ist, kann sich nach etwa zehn weiteren Kilometern Autofahrt auf eine neue Entdeckung gefasst machen: die Tower-Bridge aus London zum Beispiel. Oder wer kennt das Schloss Neuschwanstein? Wer war schon in New York und hat die Freiheitsstatue gesehen? Einmal über den Nord-Ostsee-Kanal und schon werden Weltenbummlerträume wahr. Ganz einfach im **Mini-Born-Park** in **Owschlag**. Hier locken die Architekten der Miniaturgebäude mit über 150 Sehenswürdigkeiten aus aller Welt im Maßstab 1 : 25. Und weil alles so hübsch detailgetreu nachgebaut wurde, könnte man fast meinen, der Schiefe Turm von Pisa fällt bald um...

Aber auch die Tretbootfahrten, eine Runde Minigolf und der Spiel-platz mit Auto-Scooter und die ferngelenkten Boote machen den Knirpsen Spaß. Wer mag, darf an dem privaten Gewässer ganz ohne Jahresfischereischein angeln. Wer beim Fischen kein Glück hatte, bringt eben alternativ Leckereien aus der Fischräucherei mit. Die schmecken Groß und Klein sehr gut.

Und für Blumenfans eröffnet sich auf dem Gelände im Park des Hotels „Förster-Haus“, zu dem der Park gehört, auch ein kleines Seidenblumenparadies. Ein Raum, in dem die Kinder beobachten können, wie zum Beispiel Gestecke hergestellt werden. Zu kaufen gibt es jede Menge schmucker Blumen und Souvenirartikel. Wer hier kein Geld ausgeben mag, ist aber bestimmt von der großen Märklin-Eisenbahn (H0) angezogen, so dass das Taschengeld spätestens im nächsten Spielzeugladen für die eigene Eisenbahnsammlung über den Tisch geht.

Tolle Aussichten unter der A 7 Richtung Norden

Wie kommt man nach Owschlag?

PKW:	A 7, Hamburg – Flensburg, Abfahrt Owschlag, oder über die B 77 (Park zwischen Rendsburg und Kropp ausgeschildert)

Tourist-Information Nord-Ostsee-Kanal
Altes Rathaus, Altstädter Markt, 24768 Rendsburg

Auskünfte:	Telefon 0 43 31/2 11 20, Fax /2 33 69
e-Mail:	rendsburg@tourist-information.de

Mini-Born-Park
Beekstraße 41, 24811 Owschlag

Öffnungszeiten:	Anfang April bis Ende Oktober:		
	täglich		10.00 – 18.00 Uhr
Eintritt:	Kinder (4 – 12 J.)	Euro	2,00
	Erwachsene	Euro	4,50
	Gruppen (ab 10 Pers.) je	Euro	3,50
	Hunde sind an der Leine zu führen.		
Auskünfte:	Telefon 0 43 36/99 77-0, Fax /99 77-99		
Internet:	www.mini-born-park.de		

Tipp:
Ein Tag im Mini-Born-Park ist genau das Richtige für einen Familienausflug, wenn Oma und Opa nicht mehr so gut zu Fuß sind, aber auf jeden Fall einen prall gefüllten Geldbeutel dabei haben.

Im Eckernförder Hafen unterwegs

Aus **Eckernförde** kommen die echten *Kieler Sprotten*, eine Räucherfischspezialität. Soviel steht fest. Sprotten/Kiel hieß es auf der Verpackung der verschickten Fische und so entstand ein Markenname, der auch gern mal als Synonym für junge Frauen aus dem Norden genutzt wird.

Die Eckernförder machen sich nix draus – im Gegenteil: In dieser Hafenstadt gibt es noch so manches zu entdecken.

Der barocke Schnitzaltar in der *Nicolaikirche*, die Hafenanlage in *Borby* und ein Besuch im *Museum*. Noch eine Entdeckung für die Kinder ist nicht nur im Herbst, Winter und Frühling das Wellenbad am Ende eines schönen Strandspazierganges in südlicher Richtung entlang der Eckernförder Bucht. Aber das allerschönste für Landratten könnte auch Deutschlands einzige Brigg sein, die „Roald Amundsen". Wer sich in diesen prachtvollen Zweimaster mit Heimathafen Eckernförde verliebt hat, kann anheuern. Gäste dürfen und sollen als Deckshands unter der fachkundigen Führung des Kapitäns und seiner Stamm-Crew aktiv am Bordleben teilnehmen. So wird die Fahrt durch den Nord-Ostsee-Kanal, auf Hafentagen, auf Nord- oder Ostsee unter Segeln ein ganz besonderes Erlebnis. Und wer sich eher für Schiffsmotoren interessiert, kann unter Deck dabei sein, wenn der Maschinist seine Arbeit tut. Einfach im Schiffsbüro (Telefon 0 43 51/72 60 74) anrufen und Programm anfordern.

i

Wie kommt man nach Eckernförde?

Bahn: bis Eckernförde

PKW: A 7, den Hinweisschildern folgen oder B 76 Kiel – Schleswig

Kurverwaltung
Eckernförder Bucht, Am Exter 1, 24340 Eckernförde

Auskünfte: Telefon 0 43 51/7 17 90, Fax /62 82

Internet: www.eckernfoerde.de

Museum Eckernförde
Altes Rathaus, Rathausmarkt 8, 24340 Eckernförde

Öffnungszeiten: Mai bis Oktober

dienstags bis samstags	11.00 – 13.00 Uhr
und	14.30 – 17.00 Uhr
sonntags	11.00 – 17.00 Uhr
feiertags	14.00 – 17.00 Uhr

	November bis April	
	dienstags bis samstags	14.30 – 17.00 Uhr
	sonntags	11.00 – 17.00 Uhr
	feiertags	14.00 – 17.00 Uhr
	geschlossen am 24./25./31.12. und 01.01.	
Eintritt:	Kinder (ab 6 J.)	Euro 0,50
	Erwachsene	Euro 2,00
	Familienkarte	Euro 4,00
Auskünfte:	Telefon 0 43 51/90 41 36	
Internet:	www.eckernfoerde.net/museum	

Auch bei schlechtem Wetter macht ein Strandspaziergang in Eckernförde gute Laune

Im Friesen-Nerz zu den Pfahlbauten in St. Peter-Ording

Wenn man die Karte Schleswig-Holsteins mit ein wenig Phantasie betrachtet, dann ist leicht die Silhouette eines Gesichts zu erkennen. Just auf seiner Nasenspitze finden wir **St. Peter-Ording.** Ein beliebtes Ausflugsziel. 14 Kilometer Strand, der zu dem mit der Ebbe Tag für Tag für Stunden verbreitert wird. Doch was kann man auf dem Meeresboden noch anderes tun, als Wattlaufen, Muscheln und Bernsteine sammeln oder Sandburgen bauen? Zum Beispiel ganz einfach der Idee eines uralten Ägypters folgen. Vor etwa 4 000 Jahren hat sich Pharao Amenembet II. überlegt, dass er einen Wagen mit Segeln brauchte. In der Wüste wollte er über sein Land segeln. Heute fahren Strandsegler mit ihren modernen Sportgeräten über den von den Wellen geriffelten Nordseeboden um die Wette. Wer selbst fahren will, braucht einen speziellen Pilotenschein.

Nachdem die Kinder je nach Tide Strandsegler oder Surfer beobachtet haben und an der schönen streichelsandigen Küste umhergetollt sind, machen wir uns auf den Weg, um Sahneheringe auf der „Arche Noah" oder im Restaurant „Seekiste" zu verputzen, die Speisekarten bieten etwas für jeden Geschmack – versprochen.

Den Deich und das Bad St. Peter-Ording im Rücken laufen wir in Richtung Süden, Richtung Hitzsand. Sogar bei Sonnenschein begegnen uns die Urlauber in wetterfester Kleidung. Angesagt sind die berühmten gelben „Friesen-Nerze", vor allem bei Nieselregen und Wind, aber mindestens eine leichte Windjacke sollte jeder in seinem Gepäck haben. An der Küste handelt man sich schnell eine Erkältung ein – allerdings ist sie hier auch klasse zu kurieren. Obenrum gut verpackt darf man aber die Schuhe für die Wattwanderung auf jeden Fall ausziehen. Denn kaum hat das Meer den Boden freigegeben, da buddeln Wattwürmer, Krebse und Krabben sich nach oben an die sonnengewärmte Schlickoberfläche. Selbst im Winter wird das Watt angenehm warm. Und wenn die Füße doch zu kalt werden, dann weiß jeder Wanderer ein paar Wollsocken zu schätzen.

Schon von weitem ist unser Etappenziel – die **Pfahlbauten** im Meer – zu erkennen. Die Holzhäuser stehen auf fünf Meter hohen Stelzen, die jeweils etwa fünf Meter tief im Boden verankert sind. 1 000 Meter entfernt vom Strand entern wir eine der Gaststätten, um uns in der gemütlichen Atmosphäre von dem sagenumwobenen Apfelkuchen oder den zuvor schon gelobten Sahneheringen zu überzeugen. Oder wir laufen ein ganzes Stück weiter und kommen bis zur „Seekiste". Dort, wo ein paar Autos parken und der Bus des öffentlichen Nahverkehrs hält, beginnt der Holzbohlenweg zur „Seekiste", also gelangt man durchaus trocken Fußes in das ungewöhnliche Restaurant und zu den Strandkörben.

Ein Restaurant auf Stelzen

Den Holzbohlensteg entlang zurück zur Küste kommen wir zu einem hübschen Tierpark – dem **Westküstenpark**. Der Rundgang ist zwei Kilometer lang und bietet mit Streichelzoo, Ponyreitbahn, Hüpfkissen, Hangrutsche und Aussichtssturm (Kamera nicht vergessen!) ein tolles Rundumangebot für Familien. Vielleicht lockt zum Abschluss eines so erlebnisreichen Tages noch ein Besuch im *Eiderstädter Heimatmuseum*?

Mit dem Bus zum Strandkorb

Wie kommt man nach St. Peter-Ording?

Bahn: Hamburg – Husum – Niebüll, ab Husum mit dem Bus

PKW: A 23, B 202

Kurverwaltung
Postfach 1 00, 25823 St. Peter-Ording

Auskünfte: Telefon 0 48 63/9 99-0, Fax /9 99-1 80

Yachtclub St. Peter-Ording
Pestalozzistraße 117, 25823 St. Peter-Ording

Auskünfte: Telefon 0 48 63/13 77

Internet: www.ycspo.de

Eiderstädter Heimatmuseum
Haus Jensen, Ohlsdorfer Straße 6, 25826 St. Peter-Ording

Öffnungszeiten:	März bis September	
	dienstags bis samstags	10.00 – 12.00 Uhr
	und	15.00 – 17.00 Uhr
	sonntags	10.00 – 12.00 Uhr
	Oktober bis Februar	
	dienstags bis samstags	15.00 – 17.00 Uhr
	sonntags	10.00 – 12.00 Uhr
Eintritt:	Kinder (6 – 14 J.)/Ermäßigte	Euro 1,00
	Erwachsene	Euro 4,00

Auskünfte: Telefon 0 48 63/12 26, Fax /70 33 37

Westküstenpark St. Peter-Ording
Wohldweg 4, 25826 St. Peter-Ording

Öffnungszeiten:	April bis Oktober	9.30 – 19.00 Uhr
	letzter Einlass	17.30 Uhr
	November bis März	ab 10.30 Uhr
	bis zum Einbruch der Dunkelheit	
Eintritt:	Kinder (3 – 14 J.)	Euro 3,50
	Erwachsene	Euro 4,50
	Familienkarte	Euro 16,00
	Gruppen (ab 15 Pers.) je	Euro 3,00

Auskünfte: Telefon 0 48 63/30 44, Fax /30 47

Internet: www.westkuestenpark.de

e-Mail: westkuestenpark@t-online.de

Restaurant „Seekiste“
Am Böhler Strand, Bi de Baak 5, St. Peter-Ording

Auskünfte: Telefon 0 48 63/4 75 00, Fax /47 50 16

Strandrestaurant „Arche Noah“
25826 St. Peter-Ording

Auskünfte: Telefon 0 48 63/81 10

Tipp:
Auch in St. Peter-Ording werden von der Kurverwaltung spezielle Wattführungen für Kinder angeboten. Die Wanderung mit einem der geschulten Wattführer eröffnet neue Wissenswelten – nicht nur für die Kurzen.

Vom Eidersperrwerk nach Tönning

Was ist nun für Familien erlebnisreicher? Der Besuch der NABU-Station im Katinger Watt oder das Multimar Wattforum in Tönning? Eigentlich sollte man beides gesehen haben. Stellt sich nur noch die Frage nach der Reihenfolge. Also fangen wir mal direkt in der Natur, sprich im Katinger Watt, an. Trocken gefallen ist diese Landfläche nachdem das Eidersperrwerk gebaut wurde.

Zwischen Schleswig und Holstein gab es einst eine natürliche Grenze: die Eider. Ein etwa 188 Kilometer langer Fluss, der im Hügelland von Kiel entspringt und sich quer durch Schleswig-Holstein seinen Weg zur Nordsee bahnt. 1460 verpflichtete sich der König von Dänemark, Schleswig und Holstein auf immer ungeteilt zu lassen. Damit die Fluten der Nordsee keine bedrohlichen Auswirkungen auf das Hinterland haben, wurde das **Eidersperrwerk** errichtet. Es ist auf jeden Fall auch einen Besuch wert, und wer mit dem Rad unterwegs ist, kann wunderschöne Fahrten entlang des Deiches machen. Das schafft Strecke, also ausreichend Proviant, Getränke und Sonnenschutz dabei haben. Die *grün-weißen Hinweisschilder* helfen bei der Orientierung.

Wer weiß, vielleicht interessieren sich die Kinder ja für eine Tour mitten durch ein Schafzuchtgebiet. Ich finde, **Kating** ist ein nettes Örtchen und wenn man hier den Wagen an der Scheune vor dem Deich parkt, gibt es ein kleines Stück des Weges (immer up deen Dik lang) rechts vom Deich einen Bauernhof, auf dem die Kinder frische Milch von den für Schleswig-Holstein typischen „Schwarz-Bunten“ (Kühen) probieren können. Dazu gibt es für ungläubige Touristen immer wieder niedliche Geschichten. Zum Beispiel Kühe, die schwarz-weiß gefleckt sind, geben die Milch für den Kaffee ab und die „Rot-Bunten“, die braun-weißen Kühe, Milch für den Kakao. Ja, die lieben Kühe sollen sogar – egal welcher Fellfarbe – hervorragende Wetterfeen sein. Wenn eine Herde Kühe oder Starken (das sind Kühe, die noch nicht gekalbt haben) auf der Weide in eine Richtung schauen, dann gibt es Regen. Stehen sie „durcheinander“, dann bleibt das Wetter gut. Aber eigentlich gehören „Schaap“, so heißen Schafe auf Plattdeutsch, noch vor den schönen Schwarz-Bunten zum Landschaftsbild der Nordseeküste, eben wie die Möwen und das Meer selbst. Auch die „Schaap“ sind geliebte Nutztiere bei Landwirten und Urlaubern. Sie halten die Grasnarbe auf den Deichen kurz, befestigen sie dabei gleichzeitig mit ihren Hufen und sind zudem auch noch lustige Gesellen bei der Deichwanderung. So hat mancher Deichwanderer schon sehr belämmert geguckt, wenn die „Schaap“ einfach mit durch das Gatter trotten wollten, schließlich kennen die schlauen

Tiere längst den Trick mit schusseligen Touristen, um mit ihnen zu scheinbar saftigeren Koppeln zu gelangen. Dabei sollen die Weidezäune und Gatter die wolligen Gesellen in ihren Grenzen halten. Also sind die Wanderer gehalten, die Gatter auf den Deichen umsichtig zu schließen, aber auf solche Ressentiments haben manche „Schaap" so gar keinen Bock und machen sich immer mal wieder selbständig. Weniger belustigt sehen dann die Landwirte aus, die ihre „Ausbüxer" wieder einfangen müssen.

Im Multimar-Wattforum haben nicht nur die Kleinen große Freude

Ab **NABU-Station** (acht kostenlose Parkplätze vor der Haustür) können mindestens vier verschiedene Wanderungen in oder rund ums **Katinger Watt** gemacht werden. Zur Orientierung gibt es vor Ort Karten. Die Laufzeit ist von 1,5 bis zu 4 Stunden berechnet. Es sind dieselben Strecken, die auch bei den vogelkundlichen Wanderungen, einem Angebot der NABU-Station, bevorzugt abgelaufen werden. Die naturkundliche Ausstellung im Haus selbst hat mit dem Salzwasser- und einem Süßwasseraquarium, interessanten Schaustücken zu Salzwiese und Wald und anderen Exponaten so einiges zu bieten. Auf der Terrasse kann man herrlich Picknick machen und die geführten Kinderwattexkursionen sind geliebte Veranstaltungen. Außerdem eine gute Möglichkeit die Faszinationen rund ums Wattenmeer kennen zu lernen, bevor wir uns in das **Multimar Wattforum** begeben. Es ist ein exzellentes Ausstellungszentrum, welches den jüngeren Besuchern die Möglichkeit zum aktiven Mitmachen sowie beobachtende Lernvarianten bietet. Einige Beispiele seien hier genannt: So kann man im Brandungsbecken mit einer Kurbel Wellen schlagen, oder die Unterwasserkamera des Miesmuschel-Aquariums steuern – für gezielte eigene Beobachtung der einzelnen tierischen und pflanzlichen Bewohner. Die Mitarbeiter vor Ort sind zum größten Teil hochqualifiziertes Fachpersonal, das komplexe Sachverhalte kindgerecht zu erklären vermag. Und bei Fragen nur angesprochen werden braucht. Einfach klasse!

Wie kommt man nach Tönning?

Bahn:	nicht empfohlen
PKW:	A 7, B 5

Tourist-Information
Am Markt 1, 25832 Tönning

Auskünfte:	Telefon 0 48 61/6 14 20, Fax /6 14 44

Eidersperrwerksführer

Eintritt:	Führung und Preis nach Vereinbarung
Auskünfte:	Schrock: Telefon 0 48 61/52 24 Dulz: Telefon 0 48 33/18 04 Bonneß: Telefon 0 48 61/59 09

Jugendherberge Tönning
Badallee 28, 25832 Tönning

Auskünfte:	Telefon 0 48 61/12 80, Fax /59 56
Internet:	www.djh.de/jugendherbergen/Toenning

Multimar Wattforum
Am Robbenberg, 25832 Tönning

Öffnungszeiten:	1. Mai bis 30. September 9.00 – 19.00 Uhr 1. Oktober bis 30. April 10.00 – 18.00 Uhr am 24. und 31.12. geschlossen		
Eintritt:	Kinder (4 – 12 J.)	Euro	3,50
	Erwachsene	Euro	5,50
	Familienkarte	Euro	30,00
	Gruppen (ab 10 Pers.) je	Euro	4,50
Auskünfte:	Telefon 0 48 61/96 20-0, Fax /96 20-10		
Internet:	www.multimar-wattforum.de		
e-Mail:	Info@mulitmar-wattforum.de		

NABU-Naturzentrum Katinger Watt
Katingsiel 14, 25832 Tönning

Öffnungszeiten:	April bis Oktober	10.00 – 18.00 Uhr	
Eintritt:	Ausstellung:		
	Kinder	Euro	1,00
	Erwachsene	Euro	1,50
	Familienkarte	Euro	4,00
Auskünfte:	Telefon 0 48 62/80 04, Fax /1 73 93		
Internet:	www.NABU-SH.de/Katinger-Watt		

Tipp:
Fahrräder und ausreichenden Getränkevorrat sowie Sonnenschutz und wetterfeste Kleidung einpacken.

11 Den Waldgeistern auf der Spur

Zur Köhler Lichtung im Loher Forst

Die älteste Autobahn im Norden ist der **„Ochsenweg“**, auf dänisch: Hærvejen. Seinen Namen bekam der Weg erst im Mittelalter, als die großen Ochsentriften losgingen. Er verbindet Wedel (siehe Kapitel 29) bei Hamburg mit Viborg in Dänemark. Doch was ist eine Ochsentrift? Da gibt es einen einfachen Merksatz: „Warum heißt es eigentlich Ochsentrift? Weil man dauernd Ochsen trifft!“ Kleine Viehhändler waren es, die dem Weg seine Bedeutung gaben. Sie kauften bei den Bauern Ochsen, um sie dann zu einer großen Herde mit bis zu 1 000 Tieren zusammenzufassen. Es war nicht nur eine Viehhandelsstraße, sondern auch beliebte Reiseroute und sogar Pilgerweg. Heute können wir die gut ausgeschilderte 491 Kilometer lange Route abradeln oder (noch besser) laufen. Um auf den Geschmack zu kommen, gilt es, zunächst ein kleines Teilstück zu erkunden. Einer, der den Weg einmal ganz abgelaufen ist, kann tolle Reiseberichte erzählen.

So auch Stefan Brocke, der die alte Wegstrecke mit einem Freund nach 500 Jahren quasi als erster Pilger entlangwanderte und somit eine alte Tradition neu belebte. Unglaubliche Dinge sind den beiden auf ihrem Pilgerweg passiert. Sie hatten nämlich, wie es sich für Pilger gehört, kein Geld, sondern nur das Nötigste dabei und mussten um Essen und Herberge bitten. Mehr oder weniger hilfreich dabei waren ihre offiziellen Begleitbriefe. Stefan Brocke versteht es, Geschichten vom Pilgertum und dem „Ruf der Wälder“ faszinierend zu erzählen. Schon deshalb sollte man sich auf den Weg zu ihm in den Wald bei **Lohe** machen – nicht nur die Kinder werden begeistert sein. An Aktionstagen zu einem Thema aus „Handwerk und Wald“ und wenn man sich (als Gruppe) mit ihm verabredet, ist er auf der von ihm errichteten **„Köhler Lichtung“** im Wald zu treffen.

„Wir haben mehr Kühe als Einwohner“, lacht Stefan Brocke und erzählt, seine Wahlheimat sei eigentlich das letzte Abenteuer in Schleswig-Holstein. Hier kann jeder die Natur hautnah erleben und in uns fremd gewordene Welten eintauchen. Wer kennt sonst schon 49 verschiedene Arten, ohne Streichhölzer Feuer zu machen? Ganz einfach sei es mit Feuerstein, Schlageisen und anderen Gerätschaften. Bis ins 18. Jahrhundert haben unsere Vorfahren so Feuer entfacht. Der Funke fällt in den Zunder, vorzugsweise Distelflaum (das herbstliche Wollkleid der Distel), dann gilt es, fleißig zu pusten und das kleine Feuerchen zu pflegen. Gegen eine Spende kann man bei Stefan Brocke das nötige Zubehör vor Ort bekommen. Eingepackt ist es in ein Fellsäckchen und für Raucher, die Nichtraucher werden wollen, kann es sogar zur Suchtbremse werden. Denn wer so kompliziert Feuer macht, überlegt es sich gut, ob es jetzt gerade sein muss.

Aktionstag beim Waldschrat

Große Künstler im Feuermachen und -bewahren waren einst die Köhler. An unserem Weg im **Loher Forst** lernen wir das Arbeitsumfeld des Köhlers kennen. Nach gut 20 Minuten kommen wir an die nachgebaute Notunterkunft eines Köhlers. Stefan Brocke hat sie für die Waldbesucher errichtet. Der Meiler, das heißt der Holzhaufen, der zu Holzkohle werden sollte, musste vom Köhler Tag und Nacht bewacht werden, damit keine Asche übrig blieb. Denn dann hätte der Köhler etwa acht Wochen umsonst gearbeitet. Schließlich hat er zuvor mühevoll das Holz rangekarrt und den Meiler aufgeschichtet. Es ist auf der Lichtung eine Art *Schaumeiler* aufgeschichtet, aus dem wie aus einer Torte ein Stück rausgemopst ist. So haben die Besucher Einblick in den Aufbau eines Meilers. Anfassen erlaubt, zerstören unerwünscht. Kurzum: Feuerchen im Wald macht man nicht, schließlich hat jeder Abenteuertag seine Grenzen. Waldbrandgefahr. Und an den Aktionstagen, wenn Fachpersonal vor Ort ist, dann geschehen hier wunderspannende Dinge, die für die Kinder hochinteressant sind. Da wird geschmiedet, Kohle gemacht, werden Felle gegerbt, Stoffe gefärbt und Besen gebunden, für die sogar 84-jährige Damen den Weg in den Wald auf sich nehmen.

Wie kommt man zur Köhler Lichtung?

Bahn:	Owschlag, mit dem Rad auf dem „Ochsenweg“ Richtung Süden, oder Hauptbahnhof Rendsburg mit dem Rad auf dem „Ochsenweg“ Richtung Norden
PKW:	B 77 bis Abfahrt Sorgbrück (Landgasthaus), nach ca. 200 m das Auto auf dem Waldpark stehen lassen und den Schildern Radwanderweg „Ochsenweg“ oder an Aktionstagen „Handwerk und Wald“ folgen; 20 min. Gehzeit

Köhler Lichtung
Stefan Brocke

Aktionstage:	Termine auf Anfrage
Eintritt:	frei
Auskünfte:	Telefon 0 43 35/9 29 81

Redderhus
Informationszentrum für Tourismus, Umwelt und Natur, 24361 Holzungen

Auskünfte:	Telefon 0 43 56/9 86-1 07 oder -1 08
Internet:	www.redderhus.de
e-Mail:	infozentrum@redderhus.de

Tipp:
Wer mag, packt sich den Picknickkorb für den Ausflugstag besonders üppig, denn auf diesen Aktionstagen wird freundschaftlich abgegeben und geteilt. Tauschen erwünscht. Würstchen- und Pommesbude haben Platzverbot und wer der Initiative von Stefan Brocke Sympathie entgegenbringt, lässt Münzen in die Spendenbüchse klimpern.

In Warder werden alte Haustierrassen gezüchtet

Erstmalig gelang es den Menschen wohl vor über 10 000 Jahren einzelne Wildtierarten an sich zu binden. Vielleicht wurden die Tiere zuerst gefangen, vielleicht in einer Schlucht oder ähnlichem am Entweichen gehindert und dann wurden nach und nach Jungtiere mit der Hand aufgezogen oder beigefüttert. So wurden die wilden Tiere über die Generationen hinweg domestiziert, also an Höhle, Hütte, Haus und Hof gewöhnt. Aber nicht jedes Haustier verdient das Wort in seiner ursprünglichen Bedeutung. Oder gibt es jemanden, der glaubt, die Hausmaus, die ihren bevorzugten Lebensraum in oder um menschliche Behausungen hat, ist ein willkommener Gast? Nein, zu Hause nicht und im **Tierpark Warder** eigentlich auch nicht. Dort wird sie sicher von einer der Katzen weggefangen, aber das ist eine andere Geschichte...

Alte Haustierrassen neu entdecken

In diesem Tierpark werden Nutztierrassen gezüchtet, die lange, bevor dem Schlachtvieh wie den Schweinen eine extra-Rippe angezüchtet wurde, damit wir pro Schwein zwei Koteletts mehr essen können, in den heimischen Ställen gelebt haben. Früher, als die Haustiere sich gelegentlich noch mit der Wildform, von der sie abstammten, verkreuzten, konnten die alten Nutztierrassen eine hohe Vitalität erhalten. Beispiele hierfür sind Verpaarungen zwischen Hausschwein und Wildschwein, Hausgans und Graugans, polnischem Bauernpferd und Wildpferd. Dr. Jürgen Güntherschulze, der Initiator, Gründer, Besitzer und Leiter des Tierparks Warder hat sich schon während seines Studiums viele Gedanken zum Thema gemacht. Heute sind er und seine Mitstreiter stolz auf das 40 Hektar große Tierparkgelände, auf dem etwa 700 Tiere in 120 Rassen leben. Die meisten sind europäische Haus- und Nutztiere. In Freilandhaltung können einige Stammformen ganzjährig bestaunt werden. Und überhaupt: Es gibt den beliebten Streichelzoo, Gelegenheit zum Ponyreiten, einen Ausstellungsraum für wechselnde naturkundliche Themen, den Tierpark-Shop, einen Spielplatz und einen Grillplatz. Wer mag, kann sich an ausgearbeiteten Suchspielen oder Fußgänger-Rallyes ausprobieren. Auch in diesem Tierpark ist der *Streichelhof* unumstrittener Hit bei den Kindern, stundenlang können sie mit den felligen und gefiederten Freunden umhertüddeln und dabei die Zeit vergessen. Dabei gibt es doch noch so viele Tiere zu bestaunen, wie zum Beispiel die Exmoor-Ponys, die Walliser Schwarzhalsziegen, die Angoraziegen, die chinesischen Maskenschweine, das Englische Parkrind und Esel und Frettchen, Meerschweinchen und viele viele mehr. Vielleicht treffen die Kinder auch auf „Maunz", einen der hofeigenen Mäusevertilger, der in den Zweibeinern weniger den Dosenöffner, als viel mehr den kraulenden Freund entdeckt, dem er gerne Geschichten vorschnurrt.

i

Wie kommt man nach Warder?

Bahn:	bis Nortorf, dann Bus (keine optimale Verbindung)
PKW:	A 7 Hamburg – Flensburg, Abfahrt Warder, den Hinweisschildern folgen

Tierpark Warder
Langwedeler Weg 11, 24646 Warder

Öffnungszeiten:	täglich		9.00 – 18.00 Uhr
Eintritt:	Kinder	Euro	2,50
	Erwachsene	Euro	4,50
	Familienkarte	Euro	12,50
Auskünfte:	Telefon 0 43 29/12 80, Fax /10 77		
Internet:	www.tierpark-warder.de		
e-Mail:	info@tierpark-warder.de		

Tipp:
Wer sich eine der Ferienwohnungen (72 qm + 52 qm) im Tierpark mietet, hat selbstverständlich freien Eintritt und kann nach Absprache mit den Tierpflegern beim Füttern, Ausmisten etc. helfen und darf sogar auf den Pferden reiten – was den anderen Besuchern nur zu bestimmten Tages- und Uhrzeiten vorbehalten ist.

13 Wenn die Affenbande brüllt…

Im Tierpark Gettorf ist immer tierisch was los

Die vielen Tier- und Wildparks in Schleswig-Holstein sind zweifelsohne alle tolle Ausflugsziele für Familien. So macht der **Tierpark in Gettorf** keine Ausnahme. Besonders die Gettorfer „Kattas" sind eine Attraktion. Denn diese Affen dürfen sogar von den jungen Zoobesuchern gefüttert werden. Um 11.00 Uhr und um 15.00 Uhr gehen mutige Besucher zusammen mit einem Tierpfleger in das Freigehege zu den Affen mit den lustigen Ringelschwänzen. Affenmutter „Conny", Papa „Hero", Sohn „Kibondo" und Tochter „Nakale" toben munter in ihrem Gehege umher oder sie dösen gemütlich auf der Rasenfläche und nehmen ein Sonnenbad. Aber zur Fütterungszeit wuseln die Tiere, die ihren Ursprung auf der Insel Madagaskar haben, geschäftig zwischen ihren Besuchern umher und betteln um leckere Bananen und saftige Weintrauben. Wenn das Füttern nicht affenartig schnell geht, dann greifen die munteren Gesellen selbst beherzt in die Schüsseln. Schließlich wollen die plüschig-weichen Halbaffen ja auch noch gekrault werden. „Kibondo" ist besonders mutig und springt sympathischen Besuchern schon mal auf die Knie – einmal anständig kuscheln, bitte!

Im *Streichelzoo* geht es weiter mit den Schmuseeinheiten. Die Zicklein und Ziegen freuen sich schon auf den Besuch der Zweibeiner, die haben doch sicherlich leckeres Trockenfutter aus dem Automaten mitgebracht. Und wenn nicht, dann kann man mit ihnen immerhin noch nett spielen. Zum Beispiel „Drängeln" – wer ergattert den schönsten Platz auf den Feldsteinen?

Jeden zweiten Sonntag im Monat gibt es um 11.00 Uhr eine Führung mitzumachen. Jedes Mal geht es um ein anderes Thema. Mal wird die Frage rund ums Tierfutter erörtert, manchmal werden Geschichten aus dem Tierparkleben erzählt oder die Besucher erfahren Genaueres über die Tierwelt in Südamerika. Wer noch mehr lernen möchte, schaut sich in aller Ruhe den *Waldlehrpfad* an. Schaukästen, Lernspiele und Bildtafeln helfen, die vielen Informationen zum Lebensraum Wald aufzunehmen. Auf Anfrage werden sogar kostenlose Führungen angeboten. Oder wie wäre es, den Tierpark mal mit einem der Rallyebögen (gibt es am Kassenhäuschen) zu erkunden?

Aus kleinen Hobbyanfängen entstand vor über 30 Jahren der Tierpark Gettorf. Heute leben auf dem Gelände Antilopen, Zebras, Zebus, Hirsche, Alpakas, Guanakos, Schafe, Aras, Kakadus, Hornvögel, Turakos, Tauben, Flamingos, Meerkatzen, Zwergseidenäffchen (dessen Junge sind gerade mal so lang wie ein Daumen), Schimpansen und viele mehr. Aber es gibt auch meterhohe Palmen und riesige Kakteen zu bestaunen. Mancher Besucher kommt alleine schon wegen der *Blumenanlage*. Die Kinder lieben aber auch die *Legoausstellung*, den Autoscooter, das Karussell, die Rutschen, den Kinderbagger und das große Hüpfkissen.

Bettelnde Zebrastreifen – nichts ist unmöglich

Wie kommt man nach Gettorf?

Bahn:	Kiel – Gettorf – Eckernförde
PKW:	B 76 (Tierpark in Gettorf sehr gut ausgeschildert)

Tierpark Gettorf
Süderstraße 33, 24214 Gettorf

Öffnungszeiten:	ganzjährig	9.00 – 18.00 Uhr
	in den Wintermonaten	ab 10.00 Uhr
	bis zum Einbruch der Dunkelheit	
Eintritt:	Kinder (ab 2 J.)	Euro 3,00
	Erwachsene	Euro 6,00
Auskünfte:	Telefon 0 43 46/41 60-0, Fax /41 60-60	
Internet:	www.tierparkgettorf.de	
e-Mail:	rolf.bumann@t-online.de	

Tipp:
Der Tierparkbesuch lässt sich gut mit einem Spaziergang in Eckernförde (siehe Kapitel 8) verbinden.

Im Streichelzoo

14 Das Land der Inselköniginnen

Auf Helgoland werden Bienen und Hummer gezüchtet

Diese Insel zählt zu den norddeutschen Schmuckstücken, die jeder Tourist einmal besucht haben will – kinderleicht ist der Reim, der den rot leuchtenden Buntsandsteinfelsen in der Nordsee mit seinem Wahrzeichen, der *Langen Anna* an der Nordseite, beschreibt:

„Grün ist das Land
Rot ist die Kant
Weiß ist der Sand
Das sind die Farben von **Helgoland**."

Per Flugzeug oder konventionell mit einem Seebäderschiff können wir das etwa einen Quadratkilometer große Inselreich besuchen. Ab Hamburg, Büsum, Wedel (siehe Kapitel 29) und Cuxhaven fahren regelmäßig die Schiffe. Egal in welchem Hafen wir an Bord gehen: Jedes Schiff muss über das *Hamburger Loch* – die Nordsee ist an dieser Stelle besonders tief und die Schiffe schaukeln hier schon eher mal wie Nussschalen auf dem Teich. Schon mancher Passagier hat sich deshalb über die Reeling gebeugt, um die Fische zu füttern. Leidgeprüfte Seeleute wissen, wie man unbeschadet mit der Seekrankheit umgeht: an Deck bleiben, immer auf den Horizont schauen, ruhig atmen und wenn die Übelkeit zu heftig wird, dann keinesfalls gegen den Wind erbrechen.

Kurz vor dem Ziel gehen die Motoren aus und die Gäste werden in Booten übergesetzt. Kurzum: ein kleines Abenteuer für Schulkinder – ein etwas größeres für Eltern mit Kinderwagen. Aber nichtsdestotrotz – Helgoland lebt von seinen Besuchern und weiß, was ihnen gefällt: Zur Orientierung sind überall Hinweisschilder angebracht, so dass sich hier niemand verlaufen kann. Das Bild vom Urlaubsidyll runden kleine Hummerbuden am Hafen, in denen der touristische Einkaufsbedarf gedeckt werden kann, und schmucke Restaurants, in denen zum Beispiel der berühmte Helgoländer Hummer oder die berühmten „Knieper" (Scheren von Taschenkrebsen) serviert werden, trefflich ab.

Wer ihre gepanzerten Verwandten allerdings zuvor im Aquarium der *Biologischen Anstalt* gesehen hat, dürfte keinen großen Appetit mehr auf die Scherentiere haben. Außerdem schmecken die Leckereien aus dem Picknickkorb in freier Natur sowieso am Besten. Also folgen wir der Beschilderung zum *Klippenrandweg* und gehen zur Westseite der Insel. Vielleicht mögen die Kinder während einer Rast die Vögel auf dem Lummenfelsen beobachten, bevor es weiter zur **Vogelstation**

Die letzte Fahrt der Pidder Lung nach Helgoland

geht. Helgoland ist nämlich für über 100 Arten und etwa 16 000 Vögel so etwas wie ein Pausenhof auf dem Weg in den Süden. Andererseits auch ein Standesamt, weil die gefiederten Gäste hier gefangen und beringt werden und weil sich einige hier zum Brüten treffen, wie zum Beispiel die Trottellummen auf dem **Lummenfelsen**, Deutschlands kleinstem Naturschutzgebiet. Dieser Felsen ist der einzige Ort in Mitteleuropa, an dem wir Lummen in freier Wildbahn antreffen können.

Aussicht vom Helgoländer Klippenrundweg

Im Frühsommer brüten die Elternpaare je ein Ei aus. Damit die Eier nicht von den schmalen Simsen herunterplumpsen, sind sie besonders geformt. Sie haben eine spitze, kreiselähnliche Form, und so drehen sie sich eher um die eigene Achse, als dass sie wegtrullern. Sind die Jungen Anfang Juli geschlüpft, springen sie schon bald aus luftiger Höhe runter in die Nordsee. Dort werden die Küken weiter umsorgt. Wenn die kleinen Lummen groß genug sind, ziehen sie im Herbst in den Süden und der rote Felsen ist mit „Helgoländer Edelweiß" bedeckt. Wenn die Vögel im Frühjahr zurückkommen, ist die Kinderstube längst von den Herbst- und Winterstürmen frisch geputzt.

Und es gibt hier noch eine Kinderstube: die der Königinnen – der Bienenköniginnen. Die Imker auf dem mehr als 70 Kilometer entfernten Festland bestellen hier gerne ihre Stammesmütter, weil sie selten verwildern. Kein Wunder, sie kennen es von zu Hause ja auch nicht: Von Helgoland zum Festland ist es viel zu weit und auch andersherum kommen keine wilden Bienen, die sich in die Zucht einmischen. Aber ob der Helgoländer Honig deshalb besser schmeckt, sollte jeder selbst probiert haben. Ein Glas Helgoländer Bienenhonig auf dem heimischen Frühstückstisch ist allemal eine tolle Erinnerung an einen schönen Ausflug.

Wie kommt man nach Helgoland?

Bahn: bis Hamburg oder Cuxhaven, dann weiter mit dem Schiff

PKW: in Hamburg, Cuxhaven oder Büsum abstellen, dann weiter mit dem Schiff

Kurverwaltung Helgoland
Lung Wai 28, 27489 Helgoland

Auskünfte: Telefon 0 47 25/81 37-13, Fax /81 37-25

Internet: www.helgoland.de

Aquarium Biologische Anstalt
Kurpromenade, 27498 Helgoland

Öffnungszeiten: Mai bis Oktober 10.00 – 16.30 Uhr
in der Nebensaison siehe Aushang

Eintritt: Kinder ca. Euro 1,50
Erwachsene ca. Euro 2,50

Auskünfte: Telefon: 0 47 25/81 92 28, Fax /81 92 38

Vogelwarte
Informationszentrum Verein Jordsand, Hummerbude 35, 27498 Helgoland

Öffnungszeiten: siehe Aushang

Auskünfte: Telefon 0 47 25/3 06

Tipp:
Eine kleine Fähre fährt rüber zur Dühne – hier gibt es glasklares Wasser und echte Strandbuddel – und Badewonnen!

Bei Hanerau-Hademaschen ein Wochenende verbringen

AÖZA ist die Abkürzung für **Archäologisches Ökologisches Zentrum Albersdorf**. Es ist eine Bildungs- und Beratungsstelle mit vielfältigem Angebot. Seinen Besuchern werden Führungen für Gruppen ab fünf Personen durch die *AÖZA-Steinzeitlandschaft* angeboten. Kinder können die ausgedehnten Waldflächen auf eigene Faust erforschen. Hinter dem AÖZA-Gelände gibt es die Großsteingräber aus längst vergangenen Zeiten. Die Schautafeln an den gut ausgebauten Wanderwegen informieren die Besucher. Im Steinzeitdorf können die Kids in den Sommermonaten Flintschlagen, Feuermachen, Brotbacken und vieles mehr lernen – geplant ist auch ein Museum zum Schwerpunktthema „Jungsteinzeit in Norddeutschland". Aber das ist noch Zukunftsmusik.

Apropros Musik. Wie wäre es mit einem lauschigen Abend in einem Heuhotel? Vielleicht bei Gitarrenmusik und Taschenlampenschein? Der Weg zu besagter Herberge ist leicht zu finden:

Ab Albersdorfer Grundschule geht es entlang der Straße „Brutkamp" Richtung Reedenhoop (Symbol *blaue Glockenblume*). Bald kommen Hinweise für den Wanderweg *gelbe Blume auf schwarzem Grund und dem Pilz*, sie führen uns zur großen Kanalbrücke. Der Grundstein für den Nord-Ostsee-Kanal wurde von Kaiser Wilhelm I. gelegt. Bis zu 8 900 Arbeiter bewegten 82,2 Millionen Kubikmeter Erde bis zur Einweihung 1895. Doch bevor es überhaupt so weit kam, diskutierte man jahrzehntelang den gewagten Bau. Schließlich würde die Trasse Straßen, Wege und Eisenbahnlinien zerschneiden. Heute ist der Kanal nicht mehr aus den Schifffahrtsplänen wegzudenken, außerdem hat sich in den vergangenen Jahren sein Freizeitwert deutlich erhöht. Immer mehr Wanderer und Radfahrer nutzen die Wege auf beiden Uferseiten, um am Wasser Erholung zu finden. Für die Kinder ist es ein Fest, die vielen unterschiedlichen Schiffe zu beobachten. Deshalb halten wir uns gleich hinter der Brücke links auf dem Wirtschaftsweg, bis wir zur Fähre in Fischerhütte kommen. Einmal übersetzen und zurück, bitte! Es ist die letzte Kettenfähre – ein Technik-Denkmal.

Den Kanal im Rücken gehen wir weiter vor bis Steenfeld, halten uns links, passieren quasi im Vorübergehen Klein Amerika. Biegen rechts auf den Wanderweg nach **Beldorf** zum **Heuhotel** ein.

Wer noch nicht müde ist, läuft den Weg von Steenfeld vor bis an besagte „T-Kreuzung" und biegt links ein Richtung **Hanerau-Hademaschen.** In diesem hübschen Dorf lebte und arbeitete Theodor Storm (siehe Kapitel 6). Vor den Hügelgräbern gehen wir rechts, bis unser

Wanderweg auf einen neuen Weg trifft. Den überqueren wir und laufen geradezu. Die Kinder entdecken bald das nächste Ziel: das **Gut Hanerau.** Hier machen wir Rast. Da die Nacht im Heuhotel ein echtes kleines Abenteuer sein kann, lohnt sich die Übernachtung, wenn nicht gar mindestens ein verlängertes Wochenende in dieser landschaftlich reizvollen Gegend des Marschlandes – mit vielen, sehr gut ausgeschilderten Rad- und Wanderwegen.

Auf dem Strohboden bis zum Umfallen toben

Wie kommt man nach Hanerau-Hademaschen?

Bahn:	Neumünster – Hademaschen
PKW:	A 23, Abfahrt Hanerau-Hademaschen

Fremdenverkehrsverein Hanerau-Hademaschen u. Umgebung e. V.
Bergstraße 8, 25557 Hanerau-Hademaschen

Auskünfte:	Telefon 0 48 72/27 81 oder 91 91, Fax /27 81
Internet:	tourismus-hanerau-hademaschen.de
e-Mail:	info@tourismus-hanerau-hademaschen.de

AÖZA Förderverein
Bahnhofstraße 23, 25767 Albersdorf

Auskünfte:	Telefon 0 48 35/97 97-0, Fax /97 97 97
e-Mail:	aoeza@freenet.de

„Café alte Scheune"
Familie Niemöller, Gut Hanerau, 25557 Hanerau-Hademarschen

Öffnungszeiten:	1. Mai bis 30. September samstags und sonntags 14.30 – 17.00 Uhr und nach Vereinbarung
Auskünfte:	Telefon 0 48 72/22 91, Fax /92 87

Heuherberge Beldorf
Familie Anke Rahtmann-Stöhrmann, Op de Krück 1, 25557 Beldorf

Auskünfte:	Telefon 0 48 72/6 95, Fax /92 25
Internet:	www.heuherberge-beldorf.de
e-Mail:	heuherberge-beldorf@t-online.de

Tipp:
Bei der Tourist-Information Nord-Ostsee-Kanal (Telefon 0 43 31/ 2 11 20), Am alten Rathaus, Altstädter Markt in 24768 Rendsburg kann man eine Liste mit Heuhotels anfordern. Auch beliebt ist die Liste mit den Kanalpassagen für die Sommersaison. Und überhaupt: Die Touristenbetreuung in Hanerau-Hademaschen ist 'ne Wucht!

Kartentipp:
Luftkurort Albersdorf und Hanerau-Hademarschen mit ihren Umlandgemeinden; Herausgeber Amt Albersdorf (Telefon 0 48 35/ 97 97-0), Bahnstraße 23, 25767 Albersdorf

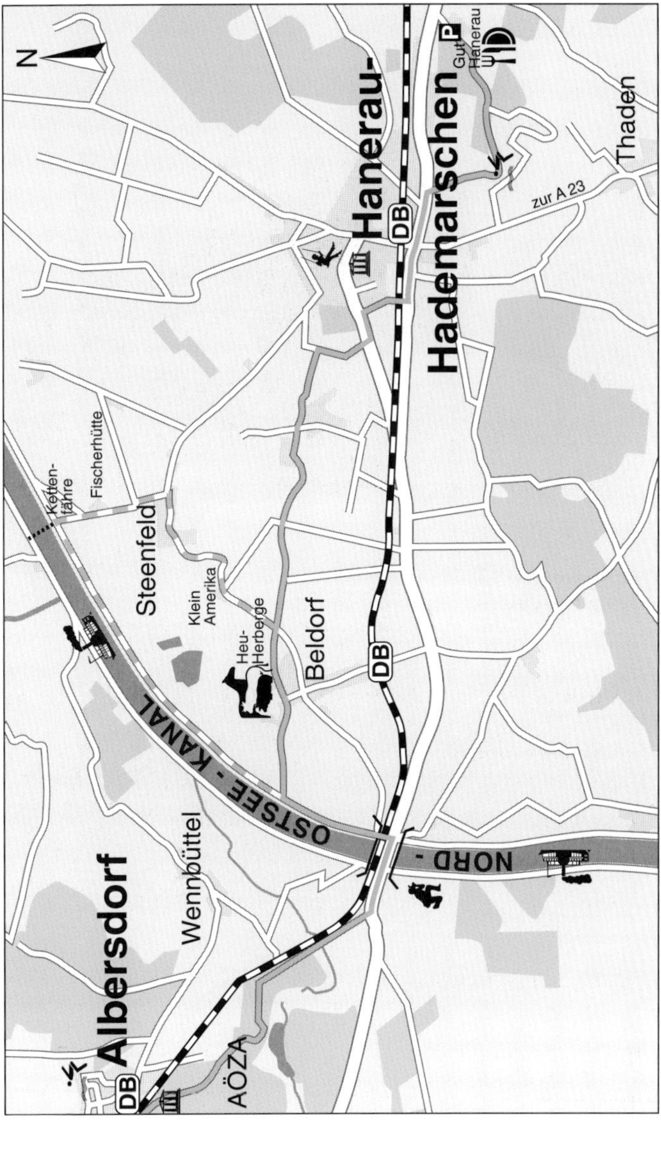
N
Albersdorf
DB
AÖZA
Wennbüttel
Steenfeld
Ketten-
fähre
Fischerhütte
Klein
Amerika
Heu-
Herberge
Beldorf
DB
NORD - OSTSEE - KANAL
Hanerau-
Hademarschen
DB
zur A 23
Thaden
Gut
Hanerau
P

In Kiel-Molfsee ins Freilichtmuseum

Dass **Kiel** mit seiner „Kieler Woche“, dem alljährlichen Treffen der großen und kleinen Segelschiffe, weltweit bekannt ist, wissen viele. Aber dass die echten „Kieler Sprotten“ aus Eckernförde (siehe Kapitel 8) kommen, wissen die wenigsten. Dennoch: Wie wäre es mal damit, im Frühjahr zur Heringssaison in die Landeshauptstadt zu kommen? Wenn die Heringe die Kieler Förde raufziehen, um zu ihren Laichplätzen zu gelangen, dann macht Angeln selbst Ungeduldigen Freude. Und lecker sind die Fische auch. Aber Kiel hat noch weit mehr zu bieten, zum Beispiel viele tolle Museen.

Erst beim Drechseln zusehen...

Am südlichen Rand der Universitätsstadt wurde 1965 das **Schleswig-Holsteinische Freilichtmuseum** eröffnet. Über 60 verschiedene Haus- und Hoftypen aus den unterschiedlichen Landschaften des Landes zwischen den Meeren wurden nach **Molfsee** versetzt.

Somit konnten die meisten Gebäude vor Verfall oder Abriss bewahrt werden. Die Stätten ländlichen Handwerks sind nun wieder belebt und werden mit zunehmender Beliebtheit von Familien, Schulklassen und Gruppen besucht. Kein Wunder. Hier gibt es Programm für (fast) jeden Geschmack. Die einen interessieren sich für den Garten des Apothekers und wollen einen Einblick in die Geschichte der Pharmazie gewinnen, den anderen gefällt der Duft aus der Backstube und sie erfreuen sich an köstlichen Broten und Kuchen, die ganz traditionell gebacken werden.

Auch der **Jahrmarkt** mit Orgelmusik, Karussell, Schießbude und Schiffschaukel laden zum Vergnügen ein. Heimische Haustierrassen sind zu bewundern und überhaupt: Wie hat man eigentlich damals in den Bauernhäusern, Höfen, Katen, Scheunen, Speichern und Mühlen gelebt und gearbeitet?

Einer, bei dem sich das Verweilen besonders lohnt, ist der **Drechsler**. Er führt anschaulich vor, wie zum Beispiel aus einem Holzklotz ein toller Peitschenkreisel gemacht wird. Den Kreisel, den er zuvor gedrechselt hat, kann man bei ihm preisgünstig erwerben. Und das Tollste: Beim Drechsler persönlich können die Kinder sogar das alte Spiel selbst erlernen und genau wie die Urgroßeltern mit der Peitsche den Kreisel in Schwung halten. Ein tolles Spiel – auch für Zuhause!

In einem Museumsdorf, in dem Bäcker-, Drechsler-, Töpfer- und Apothekerberufe gezeigt werden, darf auch die **Meierei** nicht fehlen (köstlich frische Käse- und Milchprodukte). Wer mag, schaut dem **Korbmacher** noch auf die Finger. Und wie heißt es so schön? Man soll das Eisen schmieden, so lange es heiß ist – beim **Gutsschmied** erfährt das Museumspublikum warum. Nur montags gibt es keine handwerklichen Vorführungen. Aber die freundlichen Tiere der alten Rassen, die im Museumsdorf gehalten werden, freuen sich auch an diesen Tagen über Besuch und danken es auf ihre Weise.

Die altersgerechten Museumsrundgänge, Sondervorführungen zu Themen wie „Schule früher“ oder „Alte Spiele“, Aktionen wie „Kerzenziehen“, „Filzen“, „Lehmbau“ und andere runden das Programm auch mit traditionsreichen Vorführungen vom „Niederdeutschen Bühnenbund“ für das junge Publikum ab. Jeden Freitag um 20.00 Uhr gibt es in der „Scheune“ auf dem Gelände des Freilichtmuseums ein tolles Kinoprogramm. Vorher anrufen.

... dann beim Kreiseln

Wie kommt man nach Kiel-Molfsee?

Bahn: Hamburg – Kiel, Flensburg – Kiel

PKW: aus Richtung Bad Segeberg/Lübeck kommend B 404, oder B 215 Ausfahrt Blumenthal, A 7 aus Richtung Rendsburg kommend auf die B 210, dann über Kiel. Der eigenwilligen Ausschilderung folgen.

Tourist-Information Kiel e. V.
Andreas-Gayk-Straße 31, 24103 Kiel

Auskünfte: Telefon 04 31/6 79 10-0, Fax /6 79 10-99

Internet: www.kiel.de

Schleswig-Holsteinisches Freilichtmuseum
Hamburger Landstraße 97, 24113 Molfsee
Einkehrmöglichkeiten im Museum: Meierei mit Garten, Bäckerei, Räucherkate, Kiosk

Öffnungszeiten: April bis Oktober
täglich 9.00 – 18.00 Uhr
November bis März
sonn- und feiertags 11.00 – 16.00 Uhr

Eintritt:
Kinder (ab 6 J.) Euro 2,50
Erwachsene Euro 4,50
Familienkarte Euro 11,00

Auskünfte: Telefon 04 31/6 59 66-0 (Zentrale), Telefon /6 59 66-15 (Museumspädagogik), Fax /6 59 66-25

Internet: www.freilichtmuseum-sh.de

e-Mail: zentrale@freilichtmuseum-sh.de

Zoologisches Museum der Universität Kiel
Hegewischstraße 3, 24105 Kiel
Die Kinder können in der „Museumsschule" zusammen mit den Museumspädagogen neue Wege in Sachen Museumserlebnisse beschreiten. In Sonderausstellungen und Experimenten wird der freiwillige Bio-Unterricht greifbar kribbelig.

Öffnungszeiten:
dienstags bis samstags 10.00 – 17.00 Uhr
sonntags 10.00 – 13.00 Uhr
montags geschlossen

Eintritt: frei, außer an Sonderveranstaltungen

Auskünfte: Telefon 04 31/8 80 51 70, Fax /8 80 51 77

e-Mail: zoolmuseum@email.uni-kiel.de

Deutschlands erstes Circus-Museum ist in Preetz

Jeder Mensch ist ein Clown, aber nur wenige haben den Mut, es zu zeigen, sagte einst der spanische Akrobat und Clown Charlie Rivel (1896 bis 1983). Ein Ort, an dem wir den Geschichten der Clowns, Artisten und Zirkus-Unternehmen auf den Grund gehen können, ist das **Circus-Museum** in der Schusterstadt **Preetz**. So mancher soll hier seinen Blick für die vergnüglichen Seiten des Lebens wiedergefunden haben. Das Museum, welches von vielen Journalisten als Schleswig-Holsteins lustigstes Museum bezeichnet wird, ist zusammen mit dem Preetzer **Heimatmuseum** unter einem Dach untergebracht. Wer sich mit dem Beruf des Schusters auseinandersetzen möchte, findet hier beste Gelegenheit in der Schusterwerkstatt. Spannend nicht nur zum alljährlichen Schusterfest. Denn im Heimatmuseum gibt es auch sehenswerte Keramikfunde und eine kleine archäologische Ausstellung.

1974 begründet sich auf der Sammlung von Zscharschuch ein außergewöhnliches Privatmuseum, welches seine nächsten Wettbewerber in Klosterfelde (siehe auch „Mit Kindern unterwegs: In Brandenburg") und St. Petersburg hat. Zahlreiche Fotos und Original-Dokumente, Requisiten und Kostüme vermitteln einen spannenden Einblick in die Welt unter den Zirkuskuppeln und deren historische Entwicklung.

Noch mehr Geschichte gibt es quasi nebenan im Heimatmuseum. Po rece (= am Fluss) entwickelte sich im 9. Jahrhundert die Siedlung Preetz. In der Nähe von Kiel (siehe Kapitel 16) fühlten sich schon im 13. Jahrhundert Benediktinerinnen wohl und so gelang der Ort bald zu kultureller Blüte – Klostersitz ist Preetz noch heute. Und ein Blick zur ehemaligen *Kloster-* und heutigen *Stiftskirche* lohnt sich allemal. In dem roten Backsteingebäude gibt es weit mehr als das gotische Gestühl für 70 Nonnen zu entdecken.

Wer den Wagen im Bereich des Klosters geparkt hat, tut gut daran, in der malerisch schönen Landschaft ein paar Schritte zu tun. Diese Wanderung beginnt, indem die Kinder zunächst das Torhaus von 1737 auf dem großzügigen Klostergelände suchen. Bis auf die Kirche selbst sind die meisten Gebäude erst im 17./18. Jahrhundert für das Damenstift entstanden. Wer hier „Ich sehe was, was du nicht siehst" spielt und sich gegenseitig ermuntert, zu erraten, was der andere wohl meint, wird mancher Kleinigkeit gewahr, die es zu betrachten lohnt. Von der Kirche aus gesehen gehen wir rechts und dann links in Richtung Gehölz und kommen zu einem kleinen Weg, der uns parallel zum Tal der *Schwentine* Richtung Raisdorf führt. Nach etwa einer dreiviertel Stunde entdecken die Kinder das *Gut Rastorf*. Wir lassen das Herrenhaus rechter Hand hinter uns und folgen dem Gutsweg in

Richtung zur Straße. Sie verbindet die Orte Preetz mit Schönberg. Bald kommen wir an einer Gaststätte vorbei und gelangen über die Au zum Gut Bredeneek. Hinter diesem Gut führt uns die Wegmarkierung auf den Wanderweg zurück nach Preetz. Nachdem die Kinder im Wald vielleicht sogar ein paar Eichhörnchen und andere Bewohner sehen konnten, laufen wir jetzt auf eine Siedlung zu. Vorher geht es rechts ab zur Schwentine. Wer ist zuerst an der Brücke und kann am weitesten ins Wasser spucken? Am Klärwerk vorbei geht es weiter zu jenem Landweg, auf dem die Wanderung begann und so kommen wir nach etwa drei Stunden mit flottem Schritt auf Schusters Rappen zurück zum Parkplatz.

Die Schusterstadt Preetz bietet ein buntes Kinderprogramm

Wie kommt man nach Preetz?

PKW:	B 76, Richtung Kiel, Parkplatz kurz hinter der Ampel

Tourist-Information Preetz und Umgebung e. V.
Garnkorb 2, 24211 Preetz

Auskünfte:	Telefon 0 43 42/22 07, Fax /56 98

Erstes Circus-Museum in Deutschland
Zscharschuch-Sammlung, Mühlenstraße 14, 24211 Preetz

Öffnungszeiten:	samstags	15.00 – 18.00 Uhr
	sonn- und feiertags	10.00 – 12.00 Uhr
	und	15.00 – 18.00 Uhr
Eintritt:	über Auskünfte erfragen	
Auskünfte:	Telefon 0 43 42/18 69, Fax /8 49 64	
Internet:	www.circus-museum.de	
e-Mail:	circusmuseum@nexgo.de	

Heimatmuseum
Mühlenstraße 4, 24211 Preetz

Öffnungszeiten:	mittwochs	15.00 – 17.30 Uhr
	samstags	15.00 – 18.00 Uhr
	sonntags	10.00 – 12.00 Uhr
	und	15.00 – 18.00 Uhr
	Führungen nach Vereinbarung	
Eintritt:	über Auskünfte erfragen	
Auskünfte:	Telefon 0 43 42/18 88, Fax /38 04 (privat)	

Tipp:
Otto Wachsam, der Nachtwächter, macht in der Saison freitags sehr schöne Stadtführungen durch Preetz. Treffpunkt und Termine bei der Tourist-Information anfragen.

18 I-aaaaah, Iiiii-aaaah – ich bin auch noch da!

Nessendorfs graue Riesen erfreuen sich großer Beliebtheit

Im Dreieck Lütjenburg, Oldenburg, Eutin liegt in der landschaftlich reizvollen Holsteinischen Schweiz **Nessendorf**. Bekannt geworden ist die kleine Gemeinde, weil sie ein ganz besonderes Urlaubserlebnis zu bieten hat: den **Eselpark**. Überall im Land wird dieser Park mit Anzeigen, Plakaten und Hinweistafeln auffällig beworben. Von April bis August rufen die Kinder mit Eselstimmen hier um die Wette. Denn in dieser Zeit gibt es jeden Sonnabend um 15.00 Uhr eine Qualifikation zur Deutschen Fohlen-Meisterschaft im „Iah-Rufen". Eine Eselsbrücke braucht gewiss niemand für den Text. Eher Stimmgewalt und Ausdauer. Das Publikum trifft die Vorentscheidung und der Tagessieger bekommt einen Preis und darf an der großen Endausscheidung im August teilnehmen. Der daraus hervorgehende Gewinner bekommt ein Eselfohlen oder den Gegenwert in Euro.

Stur stellen sich die Esel in Nessendorf nur selten. Es scheint eher, als hätten die Grauen eine gewisse Freude daran, eine der 30 Kutschen mit Touristen zu ziehen. Und weil die Tiere ja so schlau und tatkräftig sind, boomt das Geschäft mit den Vierbeinern. Im Souvenirshop gibt es also nicht nur allerlei rund um die Viecher zu kaufen, sondern auch lauffreudige Esel aus der Zucht der Familie August. Bald 30 Jahre beschäftigt sich die Familie mit den Tieren und so entstand der „Holsteiner Riesenesel", der sogar weit über die Landesgrenzen hinaus berühmt ist.

Gastronomisch ist der kleine Hof gut ausgestattet, so dass man hier frisch zubereitete Speisen, Kaffee und Kuchen nach Omas Rezept konsumieren kann. Kleingeld braucht es also nicht nur für den Eintritt, die Kutschfahrten, das Eselreiten, den Sandkastenbagger...

Schau mir in die Augen, Kleines...

Wie kommt man nach Nessendorf?

Bahn:	Die Anbindung mit öffentlichen Verkehrsmitteln am besten direkt bei Autokraft (Telefon 04 31/66 62 22) erfragen.
PKW:	A 1 Hamburg – Lübeck – Puttgarden, in Oldenburg/H. abfahren, B 202 Richtung Kiel bis Kaköhl; aus Richtung Kiel kommend auch bis Kaköhl fahren. In Kaköhl ist der Eselpark gut ausgeschildert.

Tourist-Büro
Markt 1, 23758 Oldenburg in Holstein

Auskünfte: Telefon 0 43 61/49 80, Fax /49 82 00

Eselpark Nessendorf
Familie August, Wiesengrund 3, 24327 Nessendorf

Öffnungszeiten:	15. März bis 31. Oktober	
	täglich	10.00 – 18.00 Uhr
	Einlass bis 17.00 Uhr	
Eintritt:	Kinder (2 – 16 J.)	Euro 2,50
	Erwachsene	Euro 3,00
Auskünfte:	Telefon 0 43 82/7 48, Fax /7 44	
Internet:	www.eselpark.de	
e-Mail:	eselpark.nessendorf@t-online.de	

In Friedrichskoog zur Seehundstation

Eigentlich sind sie auf den Seehundbänken in der Nordsee zu Hause – Robben und ihre Jungtiere mit den großen Kulleraugen. Aber gemäß dem internationalen Seehundabkommen gibt es für von ihrer Mutter verlassene oder erkrankt aufgefundene Robben in Schleswig-Holstein noch ein zu Hause: die **Seehundstation Friedrichskoog.** Es ist die einzige autorisierte Aufnahmestelle und wird seit 1992 als gemeinnützig anerkannter, eingetragener Verein betrieben. Wer am Strand ein einsames Jungtier entdeckt, darf den Heuler – auch wenn das Muttertier weit und breit nicht zu sehen ist – nicht anfassen und sollte einen Abstand von mindestens 300 Metern einhalten. Denn die Seehundmama würde das Kleine, wenn es plötzlich nach Mensch riecht, nicht mehr anerkennen. Zudem trauen sich die scheuen Tiere nicht aus dem Wasser, wenn ein Mensch in unmittelbarer Nähe ist. Noch ein Grund die süßen Heuler nicht anzufassen, obwohl sie wie Menschenbabys herzzerreißend schreien können (Standortanzeige, damit sie von ihrer Mutter wieder gefunden werden): Die Wildtiere beißen.

In der Seehundstation leben „Lümmel“ und seine Freunde und freuen sich auf unseren Besuch.

In einem der Natur nachempfundenen Beckensystem lebt eine Gruppe erwachsener Seehunde. Beim Entwurf der Anlage wurde darauf geachtet, dass die Besucher die Tiere sowohl an Land als auch im Wasser umfassend beobachten können. Erstaunt stellen die Kinder hier fest, wie die scheinbar plumpen Tiere unter Wasser zu großartigen Schwimmern werden. Längst zählen für uns Schutzmaßnahmen im Wattenmeer für die heimischen Meeressäuger zur Selbstverständlichkeit. Dennoch kommen neue, vom Menschen geschaffene Umweltgefahren hinzu. Angefangen von der modernen Seefahrt bis hin zu schädlichen Umwelteinflüssen, die das Ökosystem Wattenmeer bedrohen.

Während die Alttiere in der Seehundstation gefüttert werden, halten die Pfleger kurze Vorträge sowohl über die Seehunde, als auch über die Aufgaben der Station. Wenn Heuler von ihren Müttern verlassen wurden, dann können sie unter bestimmten Bedingungen von der Seehundstation aufgenommen werden. Man versucht hier, die Tiere möglichst naturnah aufzuziehen. Das ist unter anderem auch der Grund, weshalb Besucher Einblick in den Aufzuchtbereich, quasi die Kinderstube, nur über ein Videokamerasystem bekommen können. So können die Jungtiere störungsfrei beobachtet werden. Und gegen Gebühr kann der junge Forscher oder die junge Forscherin einen Schnappschuss der Videobeobachtung als Farbfoto ausdrucken.

Spielerisch lernen Kinder jede Menge über das Leben der Seehunde

Später dann, wenn die Tiere wieder zu Kräften gekommen sind und das Mindestgewicht von 25 Kilogramm erreicht haben, geht es zurück zu den Seehundbänken. Die Tiere werden auf einen Kutter verladen und dann über eine Rampe in die Freiheit entlassen.

In enger Zusammenarbeit mit verschiedenen Universitäten leistet die Seehundstation gezielte Forschungsarbeiten. Dazu gehören die regelmäßigen Blutuntersuchungen, Verhaltensstudien bei Heulern und Alttieren. Aber die Wissenschaftler interessieren sich auch für spezielle Themenfelder. So erforschen sie gründlich die Orientierungsfähigkeit von Robben. Welche Sinnessysteme setzen sie ein, um sich in ihrem maritimen Lebensraum zurechtzufinden?

Der einzige Seehund der Aufzuchtstation, den man anfassen darf

Damit wir uns bei einem anschließenden Spaziergang im Watt zurechtfinden, können wir bei der Kurverwaltung Friedrichskoog Termine für spezielle **Wattwanderungen** für Kinder erfragen. Mit einem extra ausgebildeten Wattführer machen Erkundungstouren mehr Spaß und sind vor allem sicherer. Und wenn die Nordseewellen grade an die Küste langen, dann bleibt das Spiel mit Sandburgen, Bagger und Schaufel.

i

Wie kommt man nach Friedrichskoog?

Bahn:	Station St. Michaelisdorn, Bus bis Marne, dann Bus bis Friedrichskoog (echte Planungsaufgabe!)
PKW:	A 23 aus Richtung Süden Itzehoe West abfahren; B 5 Richtung Brunsbüttel, ab Marne ausgeschildert

Kurverwaltung
Koogstraße 141, 25718 Friedrichskoog

Auskünfte:	Telefon 0 48 54/1 08-4 oder -5, Fax /8 50
Internet:	www.friedrichskoog.de

Seehundstation Friedrichskoog e. V.
An der Seeschleuse 4, 25718 Friedrichskoog
Imbiss und Restaurant vorhanden

Öffnungszeiten:	März bis Oktober	
	täglich	9.00 – 18.00 Uhr
	Fütterung	10.30 Uhr und 17.30 Uhr
	November bis Februar	
	täglich	10.00 – 17.30 Uhr
	Fütterung	10.30 Uhr und 16.00 Uhr
Eintritt:	Kinder	Euro 1,50
	Erwachsene	Euro 2,50
	Familienkarte	Euro 6,50
Auskünfte:	Telefon 0 48 54/13 72, Fax /92 31	
Internet:	www.seehundstation-friedrichskoog.de	
e-Mail:	seehundstationfriedrichskoog@t-online.de	

Tipp:
Angemeldeten Gruppen (ab 12 Personen) werden altersgerechte Führungen, Diavorträge, Projekttage oder -wochen, Arbeits- oder Quizbögen, eine Rallye oder Filme in der Seehundstation angeboten.

Neuendorf bei Wilster und Schönwalde am Bungsberg

Unglaublich, aber wahr: Kaum behauptet der eine Ort, er hätte die tiefste Landstelle Deutschlands, gibt es auch den zweiten, der meint, selbst Anrecht auf entsprechende Bezeichnung zu haben. In Norddeutschland wollten sich die Gemeinden **Neuendorf** und Freepsum in Ostfriesland diese geographische Besonderheit gegenseitig streitig machen. Neuendorf behielt Recht. Die „ostfriesische Mathematik", so spötteln sie, wäre eh unzureichend, denn man könne ja wohl kaum einsehen, dass 2,30 Meter unter dem Meeresspiegel in Ostfriesland tiefer sein sollen, als 3,54 Meter in der Wilstermarsch. Vermessungs- und Katasterämter haben es bestätigt und nun prangt ein hölzernes Schild am Wegesrand: „Tiefste Landstelle der B. R. Deutschland". Die Marsch entstand bei einer „Verlandungsphase nach einem starken Anstieg des Wasserspiegels während der vorchristlichen Jahrtausendwende. Als der Wasserspiegel etwa ab 1800 v. Chr. wieder zurückging, bildeten sich starke Kleischichten: Die so genannte alte Marsch entstand. Eine erneute Überflutung begrub die Marsch unter Schlickmassen. Am frühesten versandete um die Jahrtausendwende der nördliche Teil der Wilstermarsch," gibt uns der Prospekt des Örtchens Neuendorf bekannt. Und überhaupt haben die Neuendorfer es wohl mit den Beweisen. Denn ganz in der Nähe vom Parkplatz gibt es nicht nur den acht Meter hohen Pfahl, der auf die verschiedenen Tideständе und Sturmfluten verweist. Hier wurde mit einer Bohrung auf 25 Meter Tiefe eine Wasserader angezapft, die mit Eigendruck einen Holztrog mit frischem Wasser versorgt: den *artesischen Brunnen*. In der sechseckigen Rasthütte hängen Schautafeln aus, die alles noch einmal genau erklären und wer mag, darf sich in das Gästebuch eintragen. Es lohnt sich, die tiefste Landstelle ab Wilster mit einem Planwagen (Vorbestellung) und 2 PS anzusteuern. Denn es gibt keinen Wander- oder Radweg bis zu dem Parkplatz.

Der höchste Berg in Schleswig-Holstein ist der **Bungsberg** bei **Schönwalde** in Ostholstein. Auf diesem Berg steht sogar ein Skilift, der bei ausreichend Schnee in Betrieb ist. Aber auch im Sommer ist eine kleine Wanderung auf den Berg ein nettes Erlebnis. Start für verschiedene Strecken um die drei bis vier Kilometer Länge ist der Parkplatz gegenüber vom *Museum* in Schönwalde. Einst war das Gebäude die „Alte Schule", erbaut 1823 und bis 1973 als Schule genutzt. Heute beherbergt sie eine volkskundliche Sammlung. Ein toller Ort für einen Einblick in die Arbeits- und Lebenswelt der Bauern, Landarbeiter, Handwerker, Hausfrauen und Kinder im späten 19. und frühen 20. Jahrhundert. Das komplett eingerichtete Schulzimmer ist das Kernstück eines der museumspädagogischen Angebote, die so wohlklingende Namen haben wie: „Die alte Dorfschule", „Im Gleichgewicht" (hier geht es um Waagen) oder die „Schönwalder Geschichtsrallye". Aber es können auch individuelle Programme vereinbart werden – einfach mit der Museumspädagogin absprechen.

Wohin zuerst – zur höchsten oder zur tiefsten Landstelle?

Wie kommt man nach Neuendorf?

Bahn:	Itzehoe – Hamburg, Heide – Westerland, bis Wilster, dann Taxi oder Planwagen (Telefon 0 48 23/2 31)
PKW:	A 23, über die B 431 vom Osten her über das Störsperrwerk, vom Norden/Itzehoe kommend über die B 5

Touristik Süd-West-Holstein e. V.
Viktoriastraße 14, 25524 Itzehoe

Auskünfte:	Telefon 0 48 21/6 94 72, Fax /6 93 13
Internet:	www.touristik-sued-west-holstein.de www.wilstermarsch.de
e-Mail:	touristik.sued-west-holstein@t-online.de

Wie kommt man nach Schönwalde?

Bahn:	nicht empfohlen
PKW:	A 1, Abfahrt Schönwalde

Fremdenverkehrsverein Schönwalde a. B. e. V.
Am Lachsbach 5, 23744 Schönwalde a. B.

Auskünfte:	Telefon 0 45 28/9 17 40

Dorfmuseum
Am Ruhsal, 23744 Schönwalde a. B.

Öffnungszeiten:	Mai bis September dienstags und freitags 16.00 – 18.00 im Juli und August auch sonntags 16.00 – 18.00 Uhr Gruppenführungen nach Vereinbarung ganzjährig.
Eintritt:	Kinder Euro 1,00 Erwachsene Euro 1,50 Führung Euro 20,00
Auskünfte:	Museumspädagogin: Telefon 0 45 28/91 07 75 oder 0 45 61/22 24

21 An den Karibikstrand zwischen de Waterkant

In Kaltenkirchen badet man in der Holsten-Therme

So manches Kind bedauert in der **Kaltenkirchener Holsten-Therme**, dass ihm partout keine Schwimmhäute zwischen Fingern und Zehen gewachsen sind. Schließlich gilt es, die Erwachsenen zu überzeugen, noch ein wenig zu bleiben. Nix mit umziehen und so. Plantschen, was das Zeug hält, wollen die Knirpse auch noch nach stundenlangem Badevergnügen. Noch einmal die Riesenwasserrutsche runter, die Wasserattraktionen austesten, in den Lagunen lümmeln, dann in den Außenbereich schwimmen, vielleicht noch einen Saunabesuch wagen und dann wieder ins Strandbistro oder im Sportbecken um die Wette schwimmen und so weiter. Und überhaupt: Ausruhen kann man sich ja schließlich nicht nur zu Hause, sondern auch im Whirlpool unter den Palmen. Tja, und bei Luft- und Wassertemperaturen von 30 °C kann man den Kleinen kaum wirklich widersprechen. Nur die Preise im Strandbistro sind so gepfeffert, dass die Vorabvereinbarung „Gegessen wird zu Hause“ vielleicht die Nixen und Neptune heimwärts lockt. Denn nach so einem Tag knurrt der Magen besonders laut.

i

Wie kommt man nach Kaltenkirchen?

Bahn:	Hamburg – Kaltenkirchen
PKW:	A 7, Abfahrt Kaltenkirchen, den Schildern folgen

Holsten-Therme
Norderstraße 8, 24568 Kaltenkirchen

Öffnungszeiten:	täglich	10.00 – 22.00 Uhr
	freitags und samstags	10.00 – 22.30 Uhr
	am 24./25./31.12.	geschlossen
Eintritt:	Tageskarten:	
	Kinder	Euro 6,00
	Erwachsene	Euro 12,00
Auskünfte:	Telefon 0 41 91/91 220, Fax /91 22-22	
Internet:	www.holstentherme.de	
e-Mail:	info@holstentherme.de	

Pitsch, patsch, was für ein Wasserspaß

22 Kindergeburtstag im Wald

In Daldorf kann nach Herzenslust getobt werden

Riechen, Schmecken, Hören, blindes Erfühlen und Sehen – wie schön kann es sein, wenn die Sinne vom Wald gelockt werden. Kinder streifen gerne durch die Natur. Oft können sie stundenlang in Erlebniswelten eintauchen, die so manchem Erwachsenen längst fremd geworden sind. Da gibt es den Ameisenstaat zu beobachten, die vielen Fährten auf dem Waldboden, die spannende Rätsel aufgeben, oder das eigentümliche Gezwitscher von so manchem Vogel.

Im **ErlebnisWald Trappenkamp** kommen die Kinder mit Abenteuer- und Entdeckerdrang voll auf ihre Kosten. Die vielen verschiedenen Walderlebnispfade, Wichtelwald, die Biotopausstellung, das Waldhaus, der Naturspielraum, Indianer-Fort, Seilbahn, Höhen-Röhrenrutsche sowie der Trimmdichpfad und die vielen Grillmöglichkeiten bieten für alle Ausflügler Gelegenheit, einen reizvollen Tag zu verbringen. Zum Beispiel am 28. Oktober, am Hubertustag. Bei lodernden Lagerfeuern können die Kinder Wildtiergeschichten lauschen und die Jagdhornbläser spielen auf. Abgesehen von dem leckeren Wildbret in vielen Variationen bekommen die Kinder vielleicht auch Geschmack am Thema „Wild und Jagd" und lernen wesentliche Zusammenhänge im Umgang mit der Natur aus einer ganz neuen Sicht kennen. Nämlich aus Sicht von Jäger und Förster, die nicht nur für unseren Wald- und Wildbestand sorgen.

In diesem Wald können die Kinder, so die Geldbörse ihrer Eltern wohl gefüllt ist, wundervolle Kindergeburtstage verbringen. Je nach Jahreszeit, Altersgruppe und Wunsch der Geburtstagskinder können die Feste mit ganz unterschiedlichen Themenschwerpunkten gefeiert werden. Das Indianerfest richtet sich an 6- bis 12-Jährige, die den Wald mit den Augen der Ureinwohner Nordamerikas bzw. deren Kindern entdecken wollen. Die Waldentdeckungsreise für 4- bis 12-Jährige wird mit vielen Geschichten und Spielen abgerundet. Aber auch beim Waldbasteln und Werkeln für 7- bis 12-Jährige gibt es Spannendes zu erleben. Marionetten, Vogelnistkästen oder Waldwichtel werden unter Anleitung gefertigt. Das Thema Waldtiere wurde speziell für die 4- bis 12-Jährigen aufbereitet, die beim Spielen und Pirschen die Bewohner des Waldes beobachten.

Dabei kommen sie selbstverständlich auch an den Wildgattern vorbei und können Rehe, Hirsche, Wildschweine und andere heimische Tierarten beobachten. Das *Waldpädagogik-Zentrum* der Landesforstverwaltung Schleswig-Holstein hat für die unterschiedlichen Zielgruppen eine Fülle von Aktivitäten in petto. Der Wald in Trappenkamp, der einst wegen seines großen Spielplatzes und der herrlichen Picknickfläche bei den kleinen Leuten so beliebt wurde, entwickelt sich immer mehr auch zu einer Freizeitoase für gehobenere Familienansprüche.

Ein super Platz zum Toben und Spielen

i

Wie kommt man nach Daldorf?

Bahn:	nicht wirklich machbar!
PKW:	B 404 aus Richtung Kiel oder Hamburg kommend, Abfahrt Daldorf/Rickling, 2 km bis zum Erlebniswald. Achtung! Vom Ort Trappenkamp ist eine Zufahrt nicht möglich!

ErlebnisWald Trappenkamp
Waldhaus, 24635 Daldorf

Öffnungszeiten:	*Park:*		
	montags bis freitags		8.00 – 20.00 Uhr
	samstags, sonn- und feiertags		9.00 – 20.00 Uhr
	Waldhaus:		
	montags bis sonntags		9.00 – 18.00 Uhr
	November bis März		– 17.00 Uhr
Eintritt:	*Park:*		
	werktags		frei
	Kinder (3 – 15 J.)	Euro	2,00
	Erwachsene	Euro	2,50
	Familienkarte	Euro	6,50
	Familienjahreskarte	Euro	40,00
	Waldhaus:		
	Kinder	Euro	1,50
	Erwachsene	Euro	2,00

Auskünfte:	Telefon 0 43 28/14 30, Fax /72 26 66, Rundfahrten mit der Pferdekutsche: Telefon 0 43 28/2 57 (Frau Timm)
Internet:	www.erlebniswald-trappenkamp.de

Restaurant „Waldwirtschaft“
(auf dem Gelände)

Auskünfte: Telefon 0 43 28/9 15

Tipp:
Im Oktober gibt es im ErlebnisWald Trappenkamp das jährliche Schlittenhunde-Rennen – ein aufregendes Erlebnis.

KÖHLERHÜTTE

23 Ein Baum für Liebesbriefe

Von Malente zur Bräutigamseiche im Dodauer Forst

Dass die Liebe manchmal seltsame Wege geht, ist wahrlich keine Neuigkeit. Und wie unterschiedlich sind dann die Geschichten jener jung Verliebter, die sich auf die eine oder andere Art kennen gelernt haben. Da gibt es die zufälligen Treffen im Supermarkt, in der Disco und im Schwimmbad. Dank Zeitungsanzeige oder Internetchat hat sich auch so manches Paar gefunden. Aber wie wäre es mal mit einem Spaziergang zum Glück. Ins Gepäck gehören dann Briefpapier, Stift und vielleicht ein Foto.

Wir machen uns auf, um einen der ungewöhnlichsten Briefkästen im Bundesgebiet kennen zu lernen – Zielgruppe: Singles, die keine bleiben wollen. Seit 1927 stellt die Post Briefe und Postkarten der Liebeshungrigen einer alten knorrigen Eiche zu – der **Bräutigamseiche**. Viele Geschichten ranken sich um diesen ganz besonderen Baum. Eine der Sagen erzählt von einem keltischen Fürstensohn, der gefesselt im **Dodauer Forst** ausgesetzt wurde. Da kam ein Mädchen des Weges daher, befreite den Jüngling. Sie verliebten sich ineinander und heirateten. Aus lauter Dankbarkeit pflanzte der Bräutigam eine Eiche an eben dieser Stelle, an der er einst seine Liebste kennen lernte. Selbstverständlich wurden die beiden alt und glücklich miteinander. Auch der Baum wurde älter und immer wieder brachen Äste ab, so bildete sich in etwa vier Metern Höhe ein Astloch, dass nun seit einigen Jahrzehnten als Briefkasten dient. Menschen, die eine Brieffreundschaft suchen, Abenteurer und Heiratswillige senden hierher ihre Postkarten und Briefe. Und dem Wanderer ist es sowohl Vergnügen, als auch Pflicht, in das Astloch zu schauen und die Briefe zu lesen. Denn ein Postgeheimnis gibt es hier nicht, und wer Gefallen an einem der Briefe findet, beantwortet ihn. Und wer weiß, wie viele Beziehungen durch die Bräutigamseiche schon gestiftet wurden? Niemand. Obwohl sowohl die zuständige Marketingabteilung der Post, als auch die anliegenden Fremdenverkehrsvereine nicht mit Erfolgsmeldungen geizen.

Die Tour zum Dodauer Forst beginnt in **Malente** an der *Glasbläserei*. Das Glasmacher-Team zeigt hier, wie aus flüssigem Glas mit dicken Pustebacken das eine oder andere Stück entsteht. Angeschlagene Gläser werden hier fachkundig repariert oder neue Stücke auf Wunsch mit einer schmucken Namensgravur versehen. Von der Glasbläserei gehen wir durch die „Janusallee“, die Bahnhofstraße, entlang bis zur Kreuzung (zur rechten Seite das Hotel Intermar).

Rechter Hand liegt das 20 Hektar große **Wildgehege**. Ein Besuch würde sich lohnen, zumal sich Damwild, Rotwild und Schwarzwild hier gut beobachten lassen. Und auf den lauschigen Waldwegen gelangen wir zum **Dieksee**. Auf der Promenade begegnen wir der kleinen Meerjungfrau und gelangen schließlich zu den Spiegelteichen im Holm, einem kleinen Waldstück. Angrenzend an die Teiche, die ihren Namen zu Recht tragen, finden wir Wassertretbecken und Armbecken mit quellfrischem Wasser. Hier können wir getreu dem Motto von Gevatter Kneip mit dem kühlen Nass für eine bessere Durchblutung sorgen. Wer nach der Kneipp-Kur Appetit bekommen hat, sollte unbedingt die köstlichen Räucherwaren, die fast überall

Ein Baum für Brieffreunde und Verliebte – die Bräutigamseiche

angeboten werden, essen. Nachdem die Fleischstücke einige Wochen in Salz eingepökelt wurden, werden sie über Buchenholz geräuchert und bekommen so ihren delikaten Geschmack. Vor allem ist der Holsteiner Katenrauchschinken ganz besonders lecker, so dass so mancher Steppke gerne auf das Brötchen dazu verzichten mag.

Den Bahnhof hinter uns gehen wir weiter vor links in die „Eutiner Straße“ und nach etwa 800 Metern sehen wir die Landessportschule. Hier hat schon so mancher Olympiasportler der deutschen Nationalmannschaft trainiert. Auch die jüngsten Sportler können sich hier in den Ferien ein wenig Schliff für die Karriere holen. Gegenüber der Landessportschule findet sich ein Parkplatz, hinter dem sich wiederum der Eingang zum Wanderweg durch das Bergengehölz befindet. Ab hier ist der Weg zur Bräutigamseiche bestens ausgeschildert und wir gehen vom Bergengehölz auf dem Wanderweg durch den Dodauer Forst direkt zu dem Wanderziel der erwartungsvoll klopfenden Herzen. Am dicken Stamm der Bräutigamseiche lehnt eine Leiter, damit Postbote und Besucher das Briefkasten-Astloch bequem erreichen können. Ob Amors Pfeil hier die Herzen trifft?

i

Wie kommt man nach Malente?

Bahn: Lübeck – Kiel, Bahnhof Gremsmühlen/Malente

PKW: direkt zur Bräutigamseiche: Ortseingang Eutin, an der B 76 aus Richtung Plön/Kiel, Parkplatz, dann den Wegweisern folgen (ca. 5 Min. Fußweg)

Kurverwaltung
Bahnhofstraße 4a, 23714 Bad Malente-Gremsmühlen

Auskünfte: Telefon 0 45 23/23 56, Fax /62 21

Internet: www.bad-malente.de

Adresse für Singles, die keine bleiben wollen:
Bräutigamseiche
Dodauer Forst
23701 Eutin

Tipps:
Der Tourismus-Service Malente bietet unter anderem geführte Radwanderungen an, zum Beispiel die Halbtagesfahrten (25 – 30 km), bei denen es nicht um sportliche Höchstleistungen geht, sondern darum, Landschaft und Sehenswürdigkeiten kennen zu lernen.

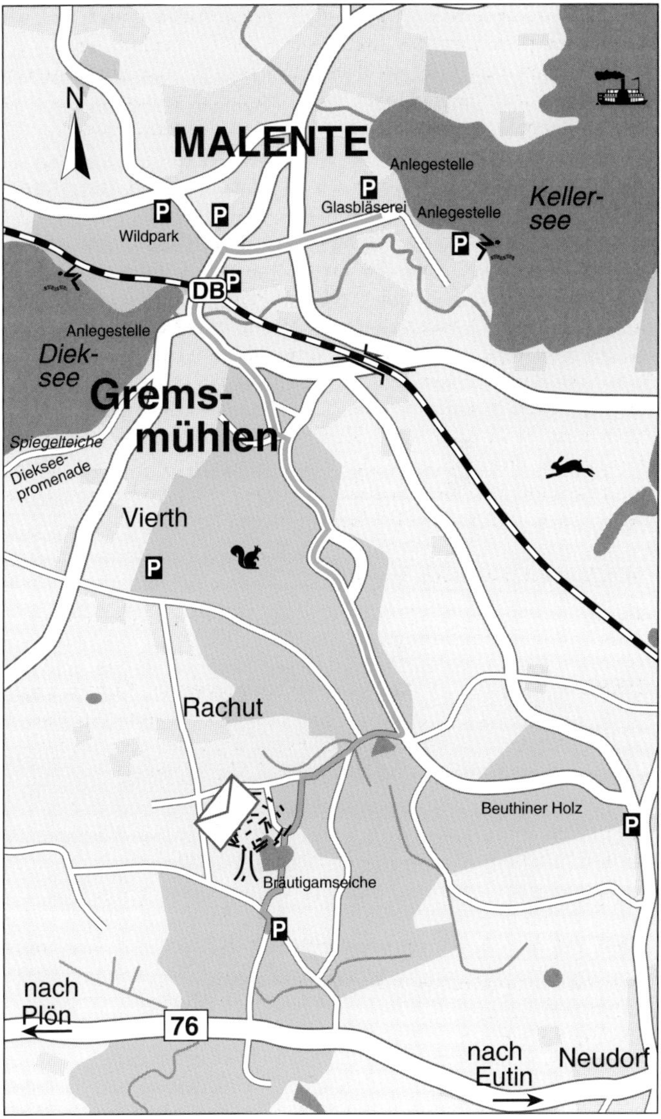
N
MALENTE
Anlegestelle
Keller-
see
Glasbläserei
Anlegestelle
Wildpark
DB
Anlegestelle
Diek-
see
Grems-
mühlen
Spiegelteiche
Dieksee-
promenade
Vierth
Rachut
Beuthiner Holz
Bräutigamseiche
nach
Plön
76
nach
Eutin
Neudorf

Einmal um den kleinen Eutiner See

Nach **Eutin** kommen viele Gäste, um sich an den sommerlichen Opernfestspielen zu Ehren des 1786 geborenen Komponisten Carl Maria von Weber zu erfreuen. Und in der Tat: Wenn Papageno auf der Eutiner **Freilichtbühne** um seine Papagena wirbt, dann sind sogar videoverwöhnte Kids ganz still und genießen die „Zauberflöte". Die Karten sollte man sich allerdings rechtzeitig sichern.

Bepackt mit Wolldecke, einem Kissen zum Draufsetzen und einem Regenschirm, stehen viele Musikfreunde an der Kasse an, um spontan für den Abend noch Karten zu ergattern. Wem das am Nachmittag gelungen ist, dem sei ein kleiner Spaziergang zum Zeitvertreib angeraten. Man könnte am Marktplatz in Eutin schön bummeln gehen und Kaffee und Kakao trinken oder vielleicht lockt auch eine Schlossbesichtigung.

Doch um dem Bewegungsdrang der Kinder nachzukommen und vor dem Opernbesuch die Zeit für körperliche Aktivitäten zu nutzen, laufen wir rund vier Kilometer. Wir beginnen unseren Weg zum **Kleinen Eutiner See** am Bahnhof. Rechts aus dem Bahnhofsgebäude kommend, gehen wir entlang der „Bahnhofstraße" und an der nächsten Kreuzung rechts ab kommen wir in die „Albert-Mahlstedt-Straße". Wir passieren die Eisenbahnstrecke Kiel – Lübeck und kommen zur „Elisabethstraße". Wir biegen nach rechts ein und die Kinder entdecken das hohe Gebäude des hiesigen Kreiskrankenhauses. Kommen wir näher an das Gebäude, so ist die Freude groß, wenn die Kinder den Rettungshubschrauber entdecken. Vielleicht ist er aber auch gerade mit einem Team irgendwo im Raum Ostholstein unterwegs, um Menschenleben zu retten.

Ein kleines Stückchen zurück gibt es bei den großen Kastanien einen Spielplatz mit Klettergerüsten, Schaukel und Sandkiste. Nach einer ausgiebigen Toberunde wandern wir am Gelände des Krankenhauses vorbei runter zum See. Unser Weg führt uns einmal rechts herum um den See. Wenn wir am Jüdischen Friedhof vorbeigekommen sind, erreichen wir auf unserem befestigten Weg bald die Hügel am Ortsrand. Zeit zu überlegen, ob wir einen Abstecher zur Badeanstalt machen wollen. Dann geht es vorbei an der Schule und die „Lübsche Koppel" bringt uns zurück zur „Elisabethstraße".

Die gehen wir dann vor zum Park. Dort richten wir uns nach den Hinweisschildern zu Deutschlands einziger Freilichtoper. Vielleicht scheint nach der Vorstellung schon der Mond und wir können das Lied von einem berühmten Sohn der Stadt singen. Matthias Claudius ließ sich von seiner Heimat für den Liedertext von „Der Mond ist aufgegangen" inspirieren. Noch ein berühmter Sohn der Stadt ist

Heinrich Voß. 1782 kam er als Schulmeister in die Stadt. Er übersetzte Homers „Odyssee", weil er so gut mit kniffligen Hexametern umgehen konnte. Dafür bewunderte ihn sogar Goethe. Aber angeblich hat der alte Schulmeister irgendwann nur noch in Hexametern gesprochen und so machen sich die Eutiner gerne über folgende Geschichte lustig: Als eines nachts ein Feuer ausbrach, schreckte Voß aus dem Schlaf hoch, warf sich den Morgenmantel über und rannte auf den Balkon und rief: „Künd' mir doch, o Wächter der Nacht, in bezug auf das Feuer, wo ist es?" Der Nachtwächter soll zurückgerufen haben: „O Mann im Rocke des Schlafes, leck mich doch am Loche des Arsches...!"

Wie kommt man nach Eutin?

Bahn:	bis Eutin
PKW:	A 1, B 76

Holsteinische Schweiz Tourismus e. V.
Bahnhofstraße 4a, 23714 Bad Malente-Gemsmühlen

Auskünfte:	Telefon 0 45 23/20 01 00, Fax /2 00 10 22
Internet:	www.eutin.de
e-Mail:	service@eutin.de

Ostholstein-Museum
Schloßplatz 1, 23701 Eutin

Öffnungszeiten:	April bis September	
	dienstags bis sonntags	10.00 – 13.00 Uhr
	und	14.00 – 17.00 Uhr
	donnerstags	– 19.00 Uhr
	Oktober bis Januar sowie März	
	dienstags bis sonntags	15.00 – 17.00 Uhr
	donnerstags u. sonntags	10.00 – 12.00 Uhr
	und	15.00 – 17.00 Uhr
	Im Februar geschlossen.	
Eintritt:	Kinder (unter 18 J.)	frei
	Ermäßigte	Euro 1,00
	Erwachsene	Euro 1,50
Auskünfte:	Telefon 0 45 21/7 01 80, Fax /70 18 18	
Internet:	www.oh-museum.de	
e-Mail:	oh-museum.eutin@t-online.de	

i

Eutiner Fest GmbH
Postfach 112, 23691 Eutin

Auskünfte: Telefon 0 45 21/7 09 70

Tipps:
Im Eutiner Schloss gibt es nach Anmeldung spezielle Führungen für Kinder (Anmeldung unter Telefon 0 45 21/70 95-0).
Für Eutiner Gäste gibt es einen kostenlosen Bollerwagenverleih.
Im „Haus des Gastes“ können bei schlechtem Wetter zum Beispiel die „Immenhof-Filme“ im Kinderkino angesehen werden.
Die Jugendherberge in Eutin hat für Gruppenreisende eine tolle Stadtrallye entwickelt.

Erlebnisse in Sierksdorf und Tolk an der Ostsee

Wann fahren wir wieder zu der großen Rutsche? Können wir mal wieder zu dem Karussellpark? Warum findet ihr, das ist zu teuer? Warum ist die Banane krumm? Tausendfach wurde diese Frage schon als Gegenfrage gestellt. Doch in **Sierksdorf** können wir zwei möglichen Antworten auf die Kurve kommen: Einerseits gibt es in dem kleinen Örtchen Deutschlands erstes **Bananenmuseum**. Es ist leicht zu finden, denn der Ort hat sich auf Urlaubsgäste spezialisiert – alles ist gut ausgeschildert. Die andere Preisfrage wird hier auch beantwortet: Weit über Schleswig-Holsteins Grenzen hinaus ist der **Hansa-Park** mit seiner Wildwasserbahn, der Schiffschaukel, der Wild-West-Stadt, in der die Kinder Gold schürfen können, und der integrierten Minigolfanlage bekannt. Bei so viel Attraktion sind die Preise eben nicht ohne. Doch bevor wir vom Bahnhof links den Schildern Richtung Freizeitpark folgen, gehen wir der Beschilderung zum Bananenmuseum nach. Und erkunden mit Affenfreude die Bananenwelt. In der Hauptsaison können die jüngsten Besucher in Sierksdorf zudem an wechselnden Kinderveranstaltungen teilnehmen. Der bekannte deutsche Expressionist, Karl Schmidt-Rottloff, Mitbegründer der Künstlergemeinschaft „Brücke“, verbrachte von 1951 bis 1973 die Sommermonate in Sierksdorf. Die Broschüre „Stummer Rundgang“ enthält zehn Sierksdorfer Motive, die er in seinem Domizil malte. Auf den Spuren des Malers, der in oben genannter Zeit einen wichtigen Teil seiner Spätwerke hier schuf, kommen wir durch die „Seehofallee“, in der die Kinder im Herbst wunderschöne Kastanien finden. Aber wenn die Wasserrutschen interessanter sind, dann haben Kunst und Co. kaum eine faire Chance...

Tolk-Schau in Tolk bei Schleswig ist noch so eine Freizeiteinrichtung, die Kinder wie magisch anzieht, wenn sie erst einmal auf den Geschmack gekommen sind. Und mal ganz ehrlich: Erwachsenen steht doch auch ein entrücktes Lächeln im Gesicht, wenn sie aus der Looping-Bahn steigen, oder?

In diesem Park werden die Kids noch mehr zum Mitmachen angeregt und können im Tal der Dinosaurier Urgestalten betrachten, die alte Stadt Schleswig (siehe Kapitel 4) en Miniature erkunden, die Rutschbahn austesten oder den zauberhaften Märchenwald erkunden.

Und wer noch einen weiteren Freizeitpark kennen lernen will, fährt vielleicht an den **Weißenhäuser Strand**.

Auf geht's zu den schönsten Freizeitparks Schleswig-Holsteins

Wie kommt man nach Sierksdorf?

Bahn:	Lübeck – Sierksdorf
PKW:	A 1 Richtung Lübeck/Puttgarden bis Anfahrt Eutin/Sierksdorf, dann Umgehungsstraße K 45 (sehr gut ausgeschildert)

Kurverwaltung
Vogelsang 1, 23730 Sierksdorf

Auskünfte:	Telefon 0 45 63/70 11, Fax /76 99
Internet:	www.sierksdorf.de
e-Mail:	info@sierksdorf.de

Bananenmuseum
Professor-Haas-Straße 59, 23730 Sierksdorf

Öffnungszeiten:	samstags und sonntags 11.00 – 13.00 Uhr		
Eintritt:	Kinder	Euro	1,00
	Erwachsene	Euro	1,50
Auskünfte:	Telefon/Fax 0 45 63/83 35		
Internet:	www.bananenmuseum.de		

Hansa-Park
Freizeit- und Familienpark, Am Fahrenkrog 1, 23730 Sierksdorf

Öffnungszeiten:	28. März bis 20. Oktober		
	täglich		ab 9.00 Uhr
	in der Hauptsaison mindestens bis 20.00 Uhr		
Eintritt:	Kinder (unter 4 J.)		frei
	Kinder (4 – 14 J.)	Euro	17,00
	Erwachsene	Euro	19,00
Auskünfte:	Telefon 0 45 63/4 74-0, Fax /4 74-1 00		
Internet:	www.hansapark.de		
e-Mail:	info@hansapark.de		

Wie kommt man nach Tolk?

Bahn:	bis Schleswig, dann Bus bzw. Taxi
PKW:	von Flensburg oder Hamburg, von Kiel (A 210 bis RD Kreuz), die A 7 bis Abfahrt Schuby, weiter B 201 Richtung Kappeln. Von Eckernförde über die Schleifähre Missunde. Von der Ostküste um Damp über die Schleibrücke Lindaunis, von der Westküste ab Husum die B 201 immer geradeaus.

Tolk-Schau
Familien-Freizeitpark, 24894 Tolk bei Schleswig

Öffnungszeiten:	29. März bis 3. Oktober		
	täglich		10.00 – 18.00 Uhr
	Einlass bis 16.00 Uhr		
	Oktober bis Ende März		
	mittwochs, samstags und sonntags		10.00 – 18.00 Uhr
Eintritt:	Kinder (ab 90 cm Körpergröße)/Ermäßigte	Euro	12,00
	Erwachsene	Euro	13,00
Auskünfte:	Telefon 0 46 22/9 22 oder Reservierungstelefon /20 84, Fax /9 23		
Internet:	www.tolk-schau.de		

Tipp:
Vor dem Freizeitparkbesuch einen üppigen Picknickrucksack packen!

TOLK-SCHAU

Im Wildpark Eekholt ist tierisch was los

Jahresanfang im **Wildpark Eekholt** (Eichenholz). Tiere, die in freier Wildbahn sogar sehr gefährlich werden können, lassen sich hier von den Besuchern nicht aus der Ruhe bringen. Im Gegenteil: Scheinbar wissen sie genau, wie sie das Augenmerk auf sich lenken können. Da wird getollt, getobt und um die Wette gerannt – und am Zaun wirkungsvoll um Futter gebettelt. Zufrieden suhlt sich ein Frischling im Schlamm. Es ist Februar und die drei anderen Wildschweinkinder stehen in ihrem schicken gestreiften Babykleid am Zaun und begutachten die Gäste. Ihre Mutter, eine stattliche Bache, liegt gut getarnt in ihrem Gehege und döst.

Etwa ab März, wenn die Hirsche ihr Geweih abwerfen und die Heidschnuckenlämmer das Licht der Welt erblickt haben, beginnt die Saison so richtig im Wildpark Eekholt. Auf den insgesamt 67 Hektar Land leben etwa 700 Tiere in über 105 Arten in ihren Lebensräumen. Die Lehrtafeln und -pavillons helfen, den Wissensdurst der Kinder zu stillen. Schnell erkennen sie die Wechselbeziehungen in der Natur. Boden, Pflanzen und Tiere stehen in einer unmittelbaren Abhängigkeit voneinander.

Im April, wenn die Zugvögel kommen, ist der Park voller Vogelstim-men. Meisen, Rotkehlchen, Amsel, Drossel, Fink und Star trällern um die Wette. Die ersten Hirschkühe bekommen ihren Nachwuchs, das Rot- und Damwild beginnt mit dem Fellwechsel vom Winter- zum Sommerkleid und die Fische werden munter und wetteifern mit den Wasservögeln ums Futter. Ein paar Wochen später – im Mai – sind dann in fast jedem Gehege Tierkinder zu sehen. Auf Wald, Wiese, Moor, Heide, Haus und Hof sowie am Teich und Bach piepst, grunzt, meckert, ruft und blökt oder quakt es. In diesem Park gibt es sehr viel zu entdecken. Wie kuscheligweich das Fell eines Häschens ist und wie kitzelig die Zunge einer Ziege sein kann, erfahren die Kinder im *Streichelgehege*. Vielleicht mögen die Erwachsenen derweil am Grillplatz das erste Frühjahrs-Picknick vorbereiten. Kinder lassen sich auch gerne für ein romantisches Nachtmahl unter freiem Himmel in der Dämmerung begeistern. Ab Juni sind die jungen Dachse sehr aktiv und die Kinder lieben es, ihnen zuzuschauen, wenn sie lustig in der anbrechenden Dunkelheit spielen. Während die Geräusche vom Tag verklingen, hören wir vielleicht sogar ein Käuzchen rufen. Keine Angst: In diesem Wildpark verläuft sich auch nachts niemand und wir gelangen sicher zurück zum Parkplatz.

Noch im Juni sind die Hirsche im Bast, aber schon im Juli/August haben sie die Geweihentwicklung abgeschlossen und beginnen zu „fegen“. Erst wenn die fellige Oberschicht an Bäumen abgerieben ist, dann beginnen sie, ihr neues Geweih in spielerischen Zweikämpfen auszuprobieren. Wer sich an den tobenden Tieren satt gesehen

Unheimlich spannend: die falknerische Vorführung im Wildpark Eekholt

hat, mag vielleicht selbst auf dem Abenteuerspielplatz mit den Trampolinen die eigenen Kräfte erkunden. Im Spätsommer, wenn die Bauern ihre Heuernte einbringen und die Frischlinge, die wir im Frühjahr noch mit lustigen Streifen kennen lernten, ihre Fellfarbe wechseln, beginnt für die Bewohner der Wildparks die Zeit, sich langsam auf Herbst und Winter vorzubereiten. Im September und Oktober können die Kinder daheim Kastanien und Eicheln für den winterlichen Wildparkbesuch sammeln. In der Brunftzeit können die Kinder die Duelle der Hirsche beobachten – jedes der imposanten Tiere will der Platzhirsch sein und im nächsten Sommer seinen eigenen Nach-wuchs auf den saftigen Wiesen sehen. Ab November, wenn die Tiere im Wildpark sich über die im Herbst liebevoll gesammelten Leckereien freuen, erholen sich die Hirsche dann von der anstrengenden Brunft. Und im Januar, wenn die ersten Ziegen ihren Nachwuchs erwarten, kündigt sich der neue Jahreszyklus an. Und wir freuen uns wieder auf die spannenden Besuche bei den Greifen, Eulen und Störchen, nehmen wir uns für das Jahr vor, ganz bestimmt die falknerischen Flugvorführungen anzusehen und können es kaum erwarten, den Nachwuchs vom Platzhirsch in Augenschein zu nehmen. Und vielleicht ist ja dieses Mal dann mehr Zeit, den Ottern und Wölfen auf die Spur zu kommen...

Außerdem wird in diesem Wildpark ein ausgefeiltes, museumspädagogisches Angebot familiennah realisiert. Als Beispiel seien die Aktionen zum Thema „Steinzeitliche Jagd" genannt. Kinder können lernen, aus Flintsteinen Speerspitzen zu schlagen, sich mit steinzeitlichem Werkzeug einen Talisman aus Hirschgeweih zu schnitzen oder sich an steinzeitlichen Jagdwaffen erproben.

i

Wie kommt man nach Eekholt?

Bahn:	AKN 1 bis Bad Bramstedt, dann Taxi (z. B. Telefon 0 41 91/10 00)
PKW:	A 7, Ausfahrt Bad Bramstedt, B 206 Richtung Segeberg (Hinweisschilder beachten)

Tourist- und Kur-Informationen
Oldesloer Straße 20, 23795 Bad Segeberg

Auskünfte:	Telefon 0 45 51/96 49-0, Fax /96 49-15
Internet:	badsegeberg.de
e-Mail:	Tourist-Info@badsegeberg.de

Wildpark Eekholt
Naturerlebnisstätte, 24623 Großenaspe

Öffnungszeiten:	ganzjährig		ab 9.00 Uhr
	bis zum Einbruch der Dunkelheit		
	Kassenschluss im Sommerhalbjahr 18.00 Uhr		
Eintritt:	Kinder (unter 4 J.)		frei
	Kinder (4 – 9 J.)	Euro	3,50
	Schüler (10 – 18 J.) und Ermäßigte	Euro	4,00
	Erwachsene	Euro	5,50
	Familientageskarte	Euro	17,00
Auskünfte:	Telefon 0 43 27/9 92 30, Fax /12 32		
Internet:	www.wildpark-eekholt.de		
e-Mail:	wildpark-eekholt@t-online.de		

Unterbringungsmöglichkeit:
Für angemeldete Gruppen gibt es für mehrtägige Projekte auf dem Gelände drei Naturdachhäuser. In diesem Wildpark dürfen sogar die Familienhunde mitkommen – angeleint selbstverständlich.

Tipp:
Gleich gegenüber des Wildparks haben die Familien von Hauke Carstensen (Telefon 0 43 27/8 12) und Wilhelm Bussmann (Telefon 0 41 92/12 58) einen Maisirrgarten initiiert. Von Mitte Juli bis Ende September, Anfang Oktober, wenn der Mais hoch genug ist, kann man hier umherirren (Kinder Euro 1,00, Erwachsene Euro 2,00). Wer Labyrinth-Nächte mit Taschenlampe und Laterne erleben möchte, meldet sich vorher an. Übernachtungen auf dem Bauernhof sind möglich. Außerdem gibt es noch den Bauerngarten, in dem Blumenfans sich ihr Erinnerungssträußchen an den Ausflugstag selbst zusammenstellen können. Bezahlt wird nach Umfang des Straußes.

Im, am und auf dem Kalkberg in Bad Segeberg

Eigentlich ist es nur ein winziges geologisches Detail, und somit gleich ein klitzekleines Namensproblem. Kaum jemand weiß, dass der berühmte Berg in **Bad Segeberg** gar kein Berg und schon gar kein **Kalkberg** ist. Genau genommen ist die malerische Kulisse für die Karl-May-Festspiele und zahlreiche Open-Air-Konzerte ein Gipsfels. Und dieser Fels hat noch viel mehr zu bieten, als seinen irreführenden Namen. Zum einen wäre da sein schöner Anblick. Ein heller Felsen, der sich mitten im historischen Ortskern 91 Meter in die Höhe streckt. „Wenn man auf dem Kalkberg steht, so befindet man sich auf dem Grunde eines Meeres und gleichzeitig auf dem Gipfel eines Berges," erklärte einst Professor Karl Gripp, ein Geologe und Paläontologe, der an den Universitäten von Kiel und Lübeck lehrte. In der Nähe der Erdoberfläche wird der Berg vom Grundwasser abgelaugt. Beziehen wir also zunächst einmal seine Oberfläche in unsere Freizeitplanung ein. Mann kann ohne allzu große Anstrengungen den Berg ab Parkplatz am „Karl-May-Platz" binnen maximal zehn Minuten erwandern. Und ganz oben finden die Kinder einen tiefen Brunnenschacht (die Siegesburg wurde 1644 zerstört) und außerdem können wir uns die Sitzplätze für die große Bühne am Fuße des Felsens aus der Vogelperspektive ansehen.

Indianer und Cowboys kämpfen nach den Ideen ihres Erfinders in den Sommermonaten in der Arena um Land, Ideale und Gerechtigkeit. Und Peter Maffay kommt, um genau wie andere Rock- und Popstarkollegen vor der einmaligen Kulisse große Open-Air-Konzerte zu geben.

Aber besonders Kinder finden es auch immer wieder spannend, das Innere des Felsens zu erkunden. Genau das haben nämlich vor knapp hundert Jahren spielende Jungs aus der Umgebung gemacht. So wurden die Höhlen 1913 entdeckt, und seitdem kommen zahlreiche Besucher nicht zuletzt, um zum Beispiel seine uralten, steinernen Bewohnerinnen und ihr Gefolge kennen zu lernen: Schneewittchen und ihre sieben Zwerge. Auch die verjüngende Wirkung der Wendeltreppe, die uns zum Ausgang führt, ist sagenumwoben. Die hübschen Goldfische, die einst im kleinen Teich der Höhle schwammen, gibt es nicht mehr. Dafür gewinnen andere Höhlenbewohner immer mehr Freunde. Schließlich sind Fledermäuse, die genau wie Schneewittchen in dem Gipsfels ihr geschütztes Zuhause haben, im Gegensatz zur Märchenqueen quietschlebendig. Und so flattern im Herbst des Abends bis zu 15 000 Tiere munter umher, bevor sie sich für den Winterschlaf ein Plätzchen suchen. Im Winter dürfen deshalb nur Asthma- und Keuchhustenkranke mittwochs und freitags von

Zwei echte Indianer in Bad Segeberg

15.00 – 16.00 Uhr die heilende Luft mit ihrer 100 %igen Luftfeuchtigkeit in der Höhle atmen.

Nach der geführten Besichtigung und der neuen Erkenntnis, dass der „Choleva Holestica", der Segeberger Höhlenkäfer, nur hier lebt, lohnt sich auf jeden Fall eine Stippvisite im benachbarten *Indianerdorf*. Neben allerhand Krimskrams rund ums Thema Cowboy und

Indianer kann man hier wunderschönen Silberschmuck kaufen. Allerdings kann hier ein jähes Gequengel losgehen, denn Kinder lieben die lebendigen Vorführungen in der Arena, bei denen nicht nur Cowboys und Indianer, sondern auch echte Pferde, Kühe und Esel auftreten. Außerdem kommt Pyrotechnik zum Einsatz und so gibt es neben dem lauten Knallen der Pistolen auch so manche feurige Überraschung. Kurzum: Wer den Wilden Westen erleben will, investiert in Eintrittskarten für die Show und schließt vermeintliche Bildungslücken. Schließlich war Karl May, der Winnetou, Old Shatterhand und die spannenden Indianergeschichten erfand, ja auch nie lange in Amerika...

Oder wie wäre es mit einer anschließenden Sommerwanderung zum **Großen Segeberger See**? Einfach am Kalkberg der kleinen Treppe hinunter folgen. Dann halten wir uns Richtung Altstadt und pirschen zum Rathaus. Gegenüber vom Rathaus sehen wir eine kleine Straße, der wir hinunter bis zum See folgen. „Winklersgang" führt rechts vorbei am Minigolfplatz. Noch ein Stück vor und 20 Meter weiter links ist der Bootsverleih. Tret- und Ruderboote können hier gemietet werden. Wenn die Sonne gar zu heiß vom Himmel brennt, dann ist für die Kinder die Badestelle ganz besonders verlockend. Ein wundervoller Ort um selbst nach Herzenslust Cowboy und Indianer zu spielen...

Wie kommt man nach Bad Segeberg?

Bahn:	von Hamburg bis Bad Oldesloe, Umsteigen nach Bad Segeberg (gegen Vorlage des Bahnausweises teilweise ermäßigte Eintrittspreise bei den Karl-May-Festspielen)
PKW:	A 7 und dann B 206, oder A 21

Tourist- und Kur-Informationen
Oldesloer Straße 20, 23795 Bad Segeberg

Auskünfte:	Telefon 0 45 51/9 64 90, Fax /96 49 15
Internet:	www.badsegeberg.de
e-Mail:	Tourist-Info@badsegeberg.de

Karl-May-Festspiele
Kalkberg GmbH, Karl-May-Platz, 23769 Bad Segeberg

Spielzeit:	Ende Juni bis Anfang September	
	donnerstags bis sonntags	15.00 Uhr
	donnerstags bis samstags auch	20.00 Uhr

Eintritt:	je nach Sitzplatz
Auskünfte:	Telefon 0 45 51/9 52 10, Fax /10 30
Internet:	www.karl-may-spiele.de

Kalkberghöhlen

Öffnungszeiten:	1. Juni bis 31. August	
	täglich	10.00 –18.00 Uhr
	April, Mai, September	
	montags bis freitags	11.30 – 15.30 Uhr
	samstags und sonntags	10.00 – 16.00 Uhr
	1. Oktober bis 31. März	geschlossen
	(Winterschlaf der Fledermäuse)	
Auskünfte:	Telefon 0 45 51/96 81 00	

Minigolfplatz

Miniaturgolf am See, Winklersgang 2a, 23795 Bad Segeberg

Auskünfte: Telefon 0 45 51/31 11

Bootsverleih

Horst Siebke, Am Großen Segeberger See

Auskünfte: Telefon 01 72/4 34 33 72

Tipp:

Die Kantine von „Möbel-Kraft“ (Ziegelstraße 1, Telefon 0 45 51/50-1) ist besser als ihr Ruf, und zudem sogar sonntags geöffnet. Außerdem gibt es in diesem Einrichtungshaus ein kleines Kinderparadies mit Kino und Spielmöglichkeiten.

Ein Unterwasserspaziergang am Timmendorfer Strand

So mancher Familie ist ein Urlaub an der Küste schnell verleidet. Denn wer die heimischen Strände nutzen will, muss, bevor der weiche Strandsand die Füße wärmt, reichlich Kurtaxe abdrücken. Auch die Parkplatzgebühren sind nicht ohne. So auch im Zentrum vom **Timmendorfer Strand**. Allerdings gibt es in Timmendorfer Strand/Niendorf fünf gut ausgeschilderte, gebührenfreie Großparkplätze, von denen aus man etwa fünf Gehminuten zum Strand braucht. Dieser Badeort hat eine lange Tradition als einer der edelsten an der Ostseeküste. Unschwer an den Preisen für Restaurantbesuche und Mitbringsel festzumachen. Sehenswert: Der 54. Breitengrad durchkreuzt die Einkaufszone des Ortes.

Kurzum: Wer es sich leisten kann, wird nicht enttäuscht. Auf der gepflegten Kurpromenade lässt es sich gut laufen. Ab und an findet sich ein Spielplatz und auf jeden Fall die eine oder andere Eisbude. Kinder können sich für die Unterwasserwelt der Meere im **Sea Life**, einer hochmodernen Freizeitanlage, die auf 1 500 Quadratmetern Fläche mit 30 Aquarien seit 1996 Einblicke in die Lebenswelten der Fische und Meerestiere gibt, begeistern. Direkt neben der Einkaufsmeile am Timmendorfer Strand. In der Hochsaison ist es anzuraten, mit viel Geduld, einem gut bestückten Picknickkorb und lustigen Spielen für draußen gewappnet zu sein – denn bei gutem und schlechtem Wetter ist die Warteschlange meist sehr lang und erfordert viel Geduld. Die wird dann allerdings auch belohnt. Denn die Ausstellung unterhält, verzaubert, fasziniert und informiert die Besucher gleichermaßen. Wirbellose Tiere, wie Krebse, Miesmuscheln, Kammuscheln, Seesterne, Seeigel und Seeanemonen, dürfen unter Aufsicht eines Sea-Life-Mitarbeiters sogar berührt werden.

Die heimische Unterwasserwelt von Ost- und Nordsee und vieler Seen und Flüsse in Norddeutschland kann hier anschaulich erkundet werden. Besondere Aufmerksamkeit sollten Familien der Ausstellung „Gejagte Jäger“ von Greenpeace widmen. Denn hier gibt es anschauliche Hintergrundinformationen zu den zu unrecht als mordende Bestien verschrieenen Haien. Lerninhalte, die den Schulunterricht sinnvoll ergänzen können. Von der Theorie zur Praxis ist in dieser Freizeitanlage selten ein großer Schritt und so können die kleinen und großen Besucher Haie aus dem acht Meter langen Unterwassertunnel bestens beobachten. Friedlich schwimmen sie zusammen mit Rochen, Congers und anderen Fischen neben und über den Kindern entlang. Die Besichtigungstour ist für etwa eine Stunde angelegt. Aber wahre Genießer lassen sich eben länger auf diesem Spaziergang unter Wasser treiben – ganz ohne nass zu werden.

Einblick in die Unterwasserwelt

Auch lohnenswert ist ein Besuch im **Vogelpark**. Direkt am Strand entlang laufen wir vorbei an der Seebrücke und dem Hundestrand in Richtung Travemünde. Links oder rechts runter? Ganz einfach: Wer mit dem Rücken zum Wasser steht, läuft links, wer das Wasser vor sich hat, läuft rechts etwa eine Stunde bis Niendorf-Hafen. Dort ist der Weg zum Park bestens ausgeschildert.

Angekommen im **Naturschutzgebiet** am Nordufer des *Hemmelsdorfer Sees* können die Kinder nach Herzenslust Kraniche, Störche, Reiher, Pelikane und andere Sumpf- und Wasservögel, aber auch Papageien, Fasane, Adler, Geier und andere Vögel ansehen. Hier gibt es außerdem die größte Sammlung lebendiger Eulen zu bestaunen. Insgesamt leben auf der Fläche von 70 000 Quadratmetern mehr als 1 300 Vögel in etwa 350 Arten.

Die Flamingoanlage im Vogelpark

Wie kommt man nach Timmendorf?

i

Bahn:	Lübeck, Timmendorf
PKW:	B 75 oder A 1 (den Hinweisschildern folgen)

Kurbetrieb
Timmendorfer Platz 10, 23669 Timmendorfer Strand/Niendorf

Auskünfte:	Telefon 0 45 03/35 77-0, Fax /35 77-88
Internet:	www.timmendorfer-strand.de

Sea Life
Kurpromenade 5, 23669 Timmendorfer Strand

Öffnungszeiten:	Januar bis Mai und September bis Dezember täglich 10.00 – 18.00 Uhr

	Letzter Einlass	17.00 Uhr
	Juni bis August	10.00 – 19.00 Uhr
	Letzter Einlass	18.00 Uhr
Eintritt:	Kinder (4 – 12 J.)	Euro 5,00
	Ermäßigte	Euro 8,00
	Erwachsene (ab 13 J.)	Euro 9,00
	Kostenlose Führung für angemeldete Gruppen	
Auskünfte:	Telefon 0 45 03/35 88-0	
Internet:	www.sealife.de	

Vogelpark und Eulengarten
An der Aalbeek, 23669 Niendorf

Öffnungszeiten:	täglich	9.00 – 19.30 Uhr
Eintritt:	Kinder	Euro 3,50
	Erwachsene	Euro 6,00
Auskünfte:	Telefon 0 45 03/47 40, Fax /8 73 32	

Meereszentrum – Tropisches Aquarium Fehmarn
Gertrudenthaler Straße 12, 23769 Burg/Fehmarn

Öffnungszeiten:	November bis März	10.00 – 18.00 Uhr
	April bis Oktober	10.00 – 19.00 Uhr
	am 24.12. und 1.1.	geschlossen
Eintritt:	Kinder (3 – 15 J.)	Euro 4,00
	Ermäßigte	Euro 6,00
	Erwachsene	Euro 7,00
	Gruppentarife vorhanden	
Auskünfte:	Telefon 0 43 71/44 16	
Internet:	www.meereszentrum-fehmarn.de	

Tipps:
Wer außerhalb der Saison kommt, spart Kurtaxe und kann nach dem Strandspaziergang im Niendorfer Meerwasserschwimmbad (Telefon 0 45 03/54 56), Strandstraße 133, schwimmen gehen. Oder in der anderen Richtung in der Ostsee-Therme (Telefon 0 45 03/3 52 69) in Scharbeutz.
Sowohl in Niendorf, Timmendorf und auf Fehmarn zaubern alljährlich Drachenfreunde erstaunlich schöne Flugobjekte an den Himmel – bei Kindern besonders beliebt: die Bonbonfähren. Es sind Lenkdrachen die während eines Loopings Tausende von Bonbons verlieren. Termine anfragen.

In Schulau zur Schiffsbegrüßungsanlage

Eines vorweg: Das unbedingte Muss für alle, die in Norddeutschland den großen Pötten, kleinen Booten, schönen Seglern und Kümos (Küstenmotorschiffen) nachwinken, ist die Seemannsküche. Einst war „Labskaus" eine der Hauptspeisen an Bord der Schiffe. Der rosa Brei besteht hauptsächlich aus Kartoffeln, Rote Beete, Zwiebeln, Pökelfleisch, Salz und Pfeffer. Je nach Geschmack gibt es dazu eingelegte frische Gurken, Heringe und Spiegeleier. Ein „richtiges" Rezept gibt es für Labskaus eigentlich nicht. In manchen alten Büchern ist die Zusammensetzung des Gerichtes mit einem Satz erklärt: „Genau wissen nur zwei, was im Labskaus ist, der Koch und der liebe Gott."

Ziel und Start eines gemütlichen Ausflugstages an der Elbe ist das Restaurant **„Schulauer Fährhaus"**. Hier gibt es neben lukullischen Köstlichkeiten die weltbekannte **Willkomm-Höft**, die Schiffsbegrüßungsanlage. Von Sonnenauf- bis Sonnenuntergang (8.00 Uhr bis 20.00 Uhr wegen Lärmschutz) werden die Schiffe über 500 Tonnen Bruttoraumzahl, die den Hamburger Hafen anlaufen oder auf große Fahrt gehen, einzeln begrüßt und verabschiedet. Das ist ein richtiges Spektakel. Da ertönt in der Landessprache die Begrüßung „Willkommen in Hamburg, wir freuen uns, Sie in unserem Hafen begrüßen zu können", es gibt den Flaggengruß und die jeweilige Nationalhymne wird gespielt. Und weil es ein so schönes Schauspiel ist, sitzen die Gäste des „Schulauer Fährhauses" gerne auf der Terrasse und warten bei einem Stückchen Kuchen und einer Tasse Kakao oder der beschriebenen Portion Labskaus ein ums andere Schiff ab. Aber alle 150 auf Festplatte gespeicherten Nationalhymnen werden an einem Tag nie gespielt. Trotzdem ist es einfach schön anzuschauen, wenn die Hamburger Flagge am 40 Meter hohen Mast wie von Geisterhand „gedippt" wird. Während also die Nationalhymne gespielt wird, senkt sich, gesteuert von der Kabine, die sich neben dem Ausgang zur Terrasse befindet, die Flagge automatisch. Und das internationale Signal für „Gute Reise" wird aufgezogen. Und siehe da: Das Schiff antwortet durch Dippen seiner Flagge.

Besonders spannend für Kinder ist auch die Ausstellung im **Buddelschiff-Museum**. Über 200 Flaschenschiffe werden hier gezeigt – vom Wikingerboot bis zur Gorch Fock. Und wie kommt so ein Miniatur-Schiff durch den schmalen Flaschenhals in den großen Bauch der Flasche? Oder die Miniaturvariante sogar in den Bauch einer Glühbirne? Hier können Landratten dem Seemannsgeheimnis auf die Spur kommen. Und wer weiß, vielleicht hat ja auch eine der 1 000 Muscheln oder Schnecken, die aus allen Ozeanen der Welt zusammengetragen wurden, eine Geschichte aus ihrer Heimat zu erzählen.

Buddelschiffe und viel mehr gibt es im Museum zu bestaunen

Schön sind sie allemal anzuschauen, auch wenn ihre Namen manchmal die reinsten Zungenbrecher sind.

Wenn wir von der Terrasse hinunter zur Elbe schauen, dann ist rechts entlang des Elb-Wanderweges hinter dem Schulauer Hafen der Spielplatz und das *Strandbad* versteckt. Wie wäre es also mit einem kleinen Fußweg Richtung Nordsee? Und in Richtung Hamburg könnte man sogar binnen gut einer Stunde bis zum *Museumshafen Övelgönne* laufen.

Wie kommt man nach Schulau?

Bahn:	Bahn S 1 bis Wedel, dann 15 Min. Fußweg (oder Bus 189, drei Stationen); Schiff: ab Hamburg St. Pauli-Landungsbrücken. Fahrzeit 60 – 75 min.
PKW:	über Hamburg Elbchaussee oder Osdorfer Landstraße Richtung Wedel, Hinweisschilder „Wilkomm-Höft“ oder „Elbe-Freizeitpark“

Tourismus- und Gewerbeverein e. V.
Rathausplatz 3 – 5, 22880 Wedel

Auskünfte:	Telefon 0 41 03/70 7-0, Fax /70 7-3 00

Buddelschiff-Museum
im Schulauer Fährhaus, Parnaßstraße 29, 22880 Wedel

Öffnungszeiten:	täglich	10.00 – 18.00 Uhr
	November bis Februar nur mittwochs, samstags und sonntags	10.00 – 18.00 Uhr
Auskünfte:	Telefon 0 41 03/92 00-15, Fax /92 00-50	
Internet:	www.willkommhoeft.de	
e-Mail:	info@schulauer-faehrhaus.de	

Einkehr:
O. F. Behnke GmbH, Schulauer Fährhaus, Parnaßstraße 29, 22880 Wedel

Auskünfte:	Telefon 0 41 03/92 00-0, Fax /92 00-50

In Elmenhorst und dessen Umland unterwegs

Tatsächlich könnten wir diese Wanderung sowohl von **Jersbek** als auch von **Elmenhorst** aus beginnen. Vorschlag: Start mit einem köstlichen Mittagstisch im familienfreundlichen Hotel und Restaurant „Am Neuen Teich" in Elmenhorst. Im Sommer auf der Terrasse, in der kälteren Jahreszeit in der schmucken Gaststätte.

Unser Verdauungsspaziergang beginnt auf der gegenüberliegenden Straßenseite. Den Weg zum *Neuen Teich* finden wir, das Restaurant im Rücken, schräg rechts am Waldessaum. In diesem Teich soll es eine Vielzahl von Schlingpflanzen geben, die schon so manches Opfer gefordert haben. Badeverbot. Also geht die Wanderung auf dem ausgetretenen Weg am Ufer munter weiter. Nach etwa zehn Minuten lassen wir den Teich links hinter uns und kommen bald zur ersten Weggabelung. Wir halten uns rechts. Ganz in der Nähe ist eine Friedenseiche (1870/1871) gepflanzt worden. Ob die Kinder sie entdecken? Der Jersbeker Gutsherr ließ das kleine Bäumchen einst zum Ende des Deutsch-Französischen Krieges an das äußerste Ende seines Parks setzen. Nun steht sie fast noch in Elmenhorst.

Wir kommen an eine große Wegkreuzung. Links geht es ab zum Grab des Paschen von Cossel. Mitten in seinem Wald ließ sich der einstige Gutsbesitzer mit seinem Pferd, seinem Hund und seiner Frau – so will es die Legende – begraben. Man beachte die Reihenfolge!

Und geradeaus kommen wir zum **Park**. Rechter Hand, ein wenig hinter Bäumen versteckt, ist das Haus des Försters, an dem wir vorbeigehen. Dann haben wir die Qual der Wahl: Laufen wir links oder rechts durch die vierreihige Lindenallee? Egal eigentlich, denn die beiden Wege führen am Ende der Schlüsselblumenwiese (Blütezeit April bis Mai) wieder zusammen. Die Einträglinge sollen aus der ersten Hälfte des 18. Jahrhunderts stammen, davon geht jedenfalls Burghard von Hennings, der Leiter der Denkmalschutzbehörde beim Kreis Stormarn aus.

Wer einen Picknickkorb gepackt hat, ist gut beraten, sich auf der nächsten Wiese ein lauschiges Plätzchen zu suchen. Wie wäre es mit dem Eichenkreis oder einem Päuschen hinten am Knick unter der Esskastanie? Auf dieser Wiese kann man auch klasse Federball spielen. Der Park wurde nach dem Vorbild französischer Landschaftsgärtnerei, ähnlich etwa der um die Königsresidenz in Versailles herum, von Bendix von Ahlefeld entworfen. Als der Jersbeker Garten zwischen 1726 und 1740 errichtet wurde, kamen viele illustre Gäste, um das akribisch geplante Kunstwerk zu sehen. Heute gibt es hier kaum noch exotische Pflanzen. Aber Waldmeister und Weinbergschnecken lassen sich durchaus noch finden. Auch die alten Obstbaumbestände haben Beachtung verdient.

Weiter vor kommen wir zum eigentlichen Eingang des Parks, neben dem *Torhaus* ist gleich ein Parkplatz. Um Norddeutschlands vorerst einzigen bekannten **Eiskeller** (vorher Termin vereinbaren) zu besichtigen, müssen wir die Straße überqueren und uns links halten. Dem einzigen Eiskellerwart Wolfgang Burow ist es zu verdanken, dass sich hier schon viele Kinder für die Entstehungsgeschichte des Kühlschranks begeistern konnten.

Kurzer Anstieg zum frostigen Hügel

Als es noch keine Kühltruhen gab, kamen im Winter die Arbeiter vom Gutshof, um in harter Knochenarbeit Eisschollen aus dem gegenüberliegenden *Jersbeker Teich* in das tiefe, schattige Erdloch auf dem Hügel zu schaffen. Meistens gab es bis zum nächsten Winter noch Eis in dem gut isolierten Kühlfach des Gutshauses. Das gemeine Volk hatte nichts von den etwa 80 Pferdefuhren Eis in dem sieben Meter tiefen Trichter. Bendix von Ahlefeld konnte so damals schon eisgekühlte Getränke genießen und sogar im Sommer frisches Fleisch und Fisch lagern.

Zurück Richtung Parkplatz kommen wir ein paar Schritte weiter an der Gaststätte „Fasanenhof" vorbei. Auf der gegenüberliegenden Straßenseite ist ein Abenteuerspielplatz, direkt vor dem Fußballplatz des SSV Jersbek. Nach so vielen Neuentdeckungen lockt der kürzeste Weg zurück zum Auto. Und der ist im Park immer geradeaus. Dann kommen wir nicht am Teich vorbei, sondern schnurstracks zurück zum Restaurant.

i

Wie kommt man nach Jersbek?

Bahn:	bis Bargteheide, dann etwa eine Stunde Fußweg entlang eines Rad-Wanderweges Richtung Jersbek (gute Inlinerstrecke!)
PKW:	B 75 oder A 1, Abfahrt Bargteheide, dann der Ausschilderung folgen / Eiskeller direkt gegenüber Teich

Eiskeller
Wolfgang Burow, Hartwigssahl 3, 23863 Bargfeld-Stegen

Öffnungszeiten:	nur nach telefonischer Voranmeldung
Eintritt:	frei
Auskünfte:	Telefon 0 45 32/34 97

Hotel und Restaurant „Am Neuen Teich"
Bargfelder Straße 32, 23869 Elmenhorst

Auskünfte:	Telefon 0 45 32/33 89, Fax /2 30 47

Restaurant „Fasanenhof"
Allee 18, 22941 Jersbek

Öffnungszeiten:	montags und dienstags geschlossen
Auskünfte:	Telefon 0 45 32/18 49

Tipps:
Im Nachbarort Bargteheide gibt es das Kleine Theater (Telefon 0 45 32/54 40), ein mehrfach ausgezeichneter, kultureller Treffpunkt mit Programmkino – auch für kurze Leute. Entweder zu Fuß ab Jersbek immer geradeaus auf dem Radwanderweg Richtung Bargteheide laufen und am Ende der Jersbeker Straße die B 75 an der Ampel überqueren und nach etwa 50 Metern auf der rechten Seite befindet sich das Heimatmuseum und das Kleine Theater. Oder den PKW direkt neben dem Restaurant „Utspann" in Bargteheide parken. Ab Elmenhorst kann man bequem mit dem Bus des öffentlichen Nahverkehrs Richtung Bargteheide, Ahrensburg (siehe Kapitel 33) und Bad Oldesloe (siehe Kapitel 31) fahren.

Der Wanderweg an der Trave in Bad Oldesloe

Bad Oldesloe hat ein Hallenbad, eine Jugendherberge, und ab und an tolle Veranstaltungen. Die Kreisstadt zählt aber trotzdem sicher noch nicht zu den beliebtesten Ausflugszielen in Schleswig-Holstein. Dabei hat sie ein so wundervolles Plus: Wer einen Einkaufsbummel mit unausgetobten Kindern plant, kann hier Spaziergang und Shopping wundervoll verbinden. Und ganz nebenbei die wichtigste Zutat für eine super leckere Mahlzeit pflücken.

Wir starten unsere Tour am Bahnhof und lassen das Parkhaus rechts neben uns, überqueren die „Ratzeburger Straße" und kommen entlang des „Berliner Ringes" zum Arbeitsamt. Im Herbst wird sich entlang der Strecke immer wieder die Gelegenheit geben, Fliederbeeren zu pflücken. Nach Stormarner Rezept lässt sich aus den Vitamin-C-reichen Früchten eine köstliche Suppe zubereiten.

Die Früchte werden als Dolden gepflückt und dann mit einer Gabel „gestribbelt". Die stecknadelkopfkleinen dunklen Früchte werden mit etwas Wasser zu Saft gekocht. 2 Liter Saft werden nochmals mit der Schale einer Zitrone aufgekocht, dann rührt man 50 g Sago unter, kocht es erneut auf und lässt es ziehen. Dann werden 500 g säuerliche Äpfel, in Spalten klein geschnitten, hinzugegeben und die Suppe zieht bei leichter Wärmezufuhr gar. Dann wird mit Zucker abgeschmeckt – und wer mag, serviert die Fliederbeersuppe mit Grießklößchen. Heiß und kalt ein leckeres Gericht.

Vor dem Amt führt unser Weg rechts ab in die „Klaus-Groth-Straße", an deren Ende wir wiederum rechts abbiegen. Linker Hand gibt es die Drahtseilmacherei und sobald wir unter der Brücke durch sind, kommen wir bald, entlang des „Hexenweges", dem „Anna-Heitmann-Weg", zu den Außenzwingern vom Tierheim. Ein Stück weiter steht das Klärwerk. Parallel zu unserem Weg laufen die Bahngleise. Zugverkehr aus nächster Nähe. Wer entdeckt den Fußgängertunnel links? Wir laufen hindurch und kommen rechts zum Wendehammer der „Sehmsdorfer Straße". Vor der scharfen Linkskurve überqueren wir die Straße und folgen dem Fußweg an dessen linker Seite ein Teich gelegen ist.

Am Ende des Weges halten wir uns links und schon kommen wir zu dem ersten Spielplatz. Es ist ein weitläufiger Abenteuerspielplatz, auf dem die Kids klasse toben können.

Weiter geht es linker Hand auf dem Weg am Bolzplatz vorbei und wieder über die große Straße, die uns rechts vor zum ADAC-Übungsplatz bringen würde. Wir bleiben auf der Seite der großen Schleswag-Kabeltrommeln und biegen links in den nächsten Fußweg ein. So kommen wir zum *Trave-Wanderweg*, gehen unter der Eisenbahnbrücke durch und laufen entlang des Flusses. Immer wieder entdecken die Kinder Spielplätze und Gelegenheiten, sich auszutoben. Leider pflegt die Stadt den eigentlich tollen Trimm-Dich-Pfad nur unzureichend, so dass die Sportgeräte an unserem Weg nicht unbedingt einladend sind.

Am Trave-Wanderweg gibt es viele Spielplätze

Am Wehr gibt es eine Parkbank und wer sich hier hinsetzt und die Augen schließt, glaubt, an einem großen Wasserfall zu sitzen. Nach der kurzen Rast geht es weiter vor und am Finanzamt vorbei. Auch vor dem roten Backsteingebäude gibt es einen Spielplatz. Wir bleiben auf dem Weg und sollten bald, nachdem wir unter der Brücke durchgelaufen sind, linker Hand Hinweisschilder sehen, die den hiesigen Baumbestand beschreiben. Je nach Zustand (Vandalismus) werden die Kinder etwas mit den Informationstafeln anzufangen wissen.

Jetzt ist es an der Zeit, die Holzbrücke zu überqueren. Hier fließen Trave und Beste zusammen. Wir laufen geradezu in die „Heiligengeiststraße". Nicht nur an Haus Nummer 6 und 7 sind Schautafeln angebracht. Zeit zum Lesen!

Weiter vor biegen wir rechts ab und kommen direkt auf das Restaurant „Variable" zu. Der Kinderspielzeugladen macht auch den Kurzen Lust auf eine kleine Shopping-Tour. Nach einer kurzen Verschnaufpause und der köstlichen Pizza gehen wir, das Restaurant im Rücken, rechts und wieder rechts, dann links und kommen weiter durch die Fußgängerzone zum *Goldschmied*. Dem bei der Arbeit zuzuschauen macht nicht nur auf den Stadtfesten Spaß. Auch zu normalen Arbeitszeiten sitzt er für die Kinder gut einsehbar an seinem Arbeitsplatz im Laden. Vorher anrufen, wenn er zum Beispiel einen Ring aus einer Münze als Erinnerungsstück herstellen soll. Lässt sich klasse beobachten und ist durchaus finanzierbar – vielleicht ein tolles Geschenk zur Konfirmation?

Gleich nach dem Schaukasten vor dem Marktplatz gehen wir links in ein kleines Gässchen und überqueren wieder die Trave. Ein paar Stufen bergauf und schon sehen wir die *Kirche* von Bad Oldesloe. Nun beginnt ein kurzer Sinneskurs: Was hören wir da? Das Rattern einer Wassermühle? Und wie fühlt es sich an, wenn wir am Geländer stehen? Und was wittert die feine Kindernase? Wieder oben angekommen? Links aus dem Teelädchen strömen die köstlich aromatischen Gerüche, die Appetit auf mehr machen. Geradezu kommen wir zu einem Bücherladen, der druckfrisch nach Futter für Bücherwürmer duftet und zum Schmökern einlädt. Aber den Laden im Rücken sehen wir die öffentlichen Toiletten rechter Hand – ein Nasenalbtraum. Unser Weg führt uns vor dem Brunnen rechts ab und wir kommen bald an der *Kriegsgräbergedenkstätte* vorbei. Wer rechts die „Reimer-Hansen-Straße" hochläuft, kommt direkt zurück zum Bahnhof.

Der Goldschmied zeigt, wie aus Feuer und Metall glänzender Schmuck wird

i

Wie kommt man nach Bad Oldesloe?

Bahn: RB und RE Hamburg – Lübeck, Bad Oldesloe

PKW: A 1 Hamburg – Lübeck, B 404, Abzweig Bad Oldesloe

Stadt Bad Oldesloe
Bürgerinfo, Markt 5, 23843 Bad Oldesloe

Auskünfte: Telefon 0 45 31/50 42 84, Fax /50 41 21

Tierheim

Öffnungszeiten: montags, dienstags, donnerstags und freitags 10.30 – 12.00 Uhr
sonntags 11.00 – 13.00 Uhr
mittwochs und samstags geschlossen

Auskünfte: Telefon 0 45 31/8 78 88

Goldschmied
Monika und Andreas Killinger, Hindenburgstraße 46, 23843 Bad Oldesloe

Auskünfte: Telefon/Fax 0 45 31/39 02

Restaurant „Variable"
Mühlenstraße 18 – 20, 23843 Bad Oldesloe

Auskünfte: Telefon 0 45 31/6 72 40

Tipp:
Ein Wochenende im Kreis Stormarn lässt sich bestens ab Elmenhorst (siehe Kapitel 30) organisieren. Ausflüge nach Bad Oldesloe und Ahrensburg (siehe Kapitel 33), Timmendorf (siehe Kapitel 28) runden das Programm familienfreundlichst ab.

Lübeck – die letzte Station der mittelalterlichen Salzstraße

Die meisten Erwachsenen werden sich erinnern: Das **Holstentor** in **Lübeck** zierte einst den 50-DM-Schein. Braun war er, und wenn man in Lübeck war, dann machte man ein Andenkenfoto vor dem echten Holstentor, vorzugsweise quasi symbolisch mit einem dieser Scheine in der Hand. Das Motiv lohnt noch immer, denn das Tor ist immer noch beliebt und berühmt. Wer in der Hansestadt mit den berühmten sieben Türmen unterwegs ist, wird es auf Postkarten, T-Shirts, Taschen und sonstigen Utensilien wiederfinden. Die süßeste Variante ist wohl die aus Marzipan. Ein Bummel durch Lübeck kann man Naschkatzen wohl in der Vorweihnachtszeit am schmackhaftesten machen. Auf dem Rathausmarkt, in der „Breiten Straße" und auf dem *Kohlberg* gibt es die tradtionsreichen Weihnachtsmärkte. Noch ein Vorweihnachtstipp: das **Buddenbrookhaus** mit seinen Veranstaltungen. Der nobelpreisgekrönte Roman „Buddenbrooks" von Thomas Mann gab dem Haus seinen Namen. Er und sein Bruder Heinrich verbrachten den größten Teil ihrer Jugend in Lübeck. Und da so manches Schulkind in Schleswig-Holstein dieses oder andere Werke lesen wird, ist ein Besuch bei den Manns vielleicht spannender als erwartet.

Auf jeden Fall bietet die Königin der Hanse am Ende der „Salzstraße" die unterschiedlichsten Möglichkeiten für sinnvolle Freizeitgestaltung. Die Altstadt wurde von der UNESCO zum **Weltkulturerbe** erklärt und ist nicht nur etwas für Fans von Backsteinarchitektur.

Ja, das Niederegger-Haus ist ein wahres Eldorado für Süßschnäbel. Hier gibt es Kakao und Marzipantorte, Einblicke in die Geschichte des Marzipans und jede Menge Marzipan-Mitbringsel.

Den Bahnhof im Rücken gehen wir links. Von unserer Straße „Am Bahnhof" biegen wir rechts ein in die „Konrad-Adenauer-Straße". Am Lindenplatz gehen wir vorbei direkt zum Holstentor. Rechts in der „Wallstraße" gibt es den **Salzspeicher**, hier führen die Geschichte um die Salzstraße aus Lüneburg kommend und die Geschichte der Hanse auf wundervolle Weise zusammen. Doch wem Marzipan versprochen wurde, den kann man mit Salz kaum locken, also laufen wir an der viel befahrenen Straße (die PKW-Fahrer kurven lang umher, bis sie einen Parkplatz gefunden haben) über die Holstenbrücke. Rechts liefen wir direkt auf den *Dom*, das *Zeughaus* und das *Museum für Natur und Umwelt* zu. Links entlang des Holstenhafens kämen wir zu dem Anleger für die Hafenrundfahrten und ein Stück weiter vor zum Museumshafen. Wer die Straße „An der Untertrave" überqueren will, sollte sich rechtzeitig Richtung Ampel orientieren. Der Verkehr kann hier mörderisch sein.

Wir laufen die „Holstenstraße" bis zum „Kolk" rechter Hand vor und bitten die Kinder, die nächste Sehenswürdigkeit anzusteuern. Es ist das **Museum für Puppentheater**. Hier erkunden sie das Ergebnis vieler Jahre leidenschaftlicher Sammeltätigkeit von Fritz Fey jun. In drei historischen Häusern der Altstadt sind Puppentheaterfiguren (vorwiegend 19. Jahrhundert) aus Europa, Asien und Afrika ausgestellt – eine kulturhistorische Reise durch die abwechslungsreiche Welt des Figurentheaters. Ganz besonders sind die Kinder auch für die täglichen Vorführungen im benachbarten *Marionetten-Theater* zu begeistern.

Am Ende vom „Kolk" gehen wir links durch die „Große Petersgrube" und kommen zu *St. Petri*. Wieder links geht es in die „Schlüsselbuden". Über den „Kohlmarkt" rechts gelangen wir links in die „Breite Straße". Wer entdeckt zuerst das **Niederegger-Haus**? Und wo ist jetzt das Rathaus? Und wer ahnt, wo wir St. Marien finden? Nach ein wenig Toberei macht das Marzipan-Naschen sicher noch mehr gute Laune. Den Marzipan-Salon im Rücken gehen wir rechts vor und kommen zur „Mengstraße", in der linker Hand vorne auf der rechten Seite das Buddenbrookhaus steht. Immer weiter geradeaus kommen wir zum Hafenrundfahrtsanleger. Rechts zum Museumshafen und links zurück zur Holstentorbrücke und somit zum Bahnhof.

i

Wie kommt man nach Lübeck?

Bahn:	RE, RB Hamburg – Lübeck
PKW:	B 75 oder A 1

Tourismus-Zentrale Lübeck und Travemünde
Breite Straße 62, 23552 Lübeck

Auskünfte:	Telefon 04 51/12 25 49 06, Fax /1 22 54 19
Internet:	www.luebeck.de

Museum Holstentor
Holstentorplatz, 23552 Lübeck

Öffnungszeiten:	April bis September		
	dienstags bis sonntags 10.00 – 17.00 Uhr		
	Oktober bis März		
	dienstags bis sonntags 10.00 – 16.00 Uhr		
Eintritt:	Kinder (6 – 18 J.)	Euro	0,50
	Ermäßigte	Euro	2,50
	Erwachsene	Euro	3,00
	Familienkarte	Euro	6,00

Auskünfte:	Telefon 04 51/1 22 41-34	

Museum für Puppentheater
Kolb 16, 23552 Lübeck

Öffnungszeiten:	April bis Dezember		
	täglich	10.00 – 18.00 Uhr	
	Januar bis März		
	dienstags bis sonntags	11.00 – 17.00 Uhr	
Eintritt:	Kinder	Euro	1,50
	Erwachsene	Euro	3,00
Führungen:	nach Vereinbarung		
Auskünfte:	Telefon 04 51/7 86 26		

Buddenbrookhaus
Heinrich- und Thomas-Mann-Zentrum, Mengstraße 4, 23552 Lübeck

Öffnungszeiten:	täglich	10.00 – 18.00 Uhr	
Eintritt:	Ausstellung:		
	Kinder	Euro	2,60
	Erwachsene	Euro	4,10
	Familienkarte	Euro	12,50
	Führung	Euro	8,00
Auskünfte:	Telefon 04 51/1 22 41 92		

Du, ich mag Dich

Nach Ahrensburg kommt jedes Jahr sogar der Osterhase

In **Ahrensburg** parken wir das Auto vorzugsweise im „Alten Lokschuppen", dem PR-Parkhaus am Bahnhof. Wir gehen am Busbahnhof vorbei und laufen direkt zu auf die „Hagener Allee", in die wir links einbiegen. Vorbei an dem Brunnen mit der Robbe und dem gläsernen Eispavillon kommen wir bald auf eine breite Straße, in die wir rechts einbiegen und geradeaus bis zur Kirche vorlaufen. Zwei Reihen Gottesbuden mit je sechs Wohneinheiten flankieren die *Ahrensburger Kirche*. Gleich in dem ersten ehemaligen Armenhäuschen gibt es einen „Eine Welt Laden", in dem sich das Stöbern nach Mitbringseln lohnt.

Gleich hinter der scharfen Rechtskurve steht vor uns, im Tal der Aue, strahlend weiß und märchenhaft anzusehen das **Ahrensburger Schloss**. Es ist ein Wasserschloss aus der Renaissance. Aufregende Königskinderfreuden lassen sich hier besonders gut am Ostersonntag erleben. Denn einmal im Jahr werden die Ahrensburger Kinder reichlich beschenkt, dürfen sich fühlen wie Prinzen und Prinzessinnen. Die Ahrensburger Geschäftsleute, die eigentlich eher für happige Preise bekannt sind, zeigen sich zum Osterfest spendabel. Und der Osterhase hat für den Besucheransturm im Park alle Pfötchen voll zu tun.

Das Schloss birgt viele tolle Geschichten und so lohnt sich dieser Museumsbesuch nicht nur bei Regenwetter. 1595 wurde Ahrensburgs Wahrzeichen von Peter Ranzau erbaut. Noch ein weiterer wichtiger Eigentümer war Heinrich-Carl von Schimmelmann, der es 1759 übernahm, und in wesentlichen Teilen umgestalten ließ. Heute finden wir auf unserer Filzpantoffel-Rutschpartie durch das Märchenschloss die Originaleinrichtungen des 18. und 19. Jahrhunderts. Auf den prunkvollen Spuren des Adels haben alle Kinder Spaß am Geschichtsunterricht und am Ende der Führung noch eine gaaanz wichtige Frage: Hatten die denn damals eigentlich keine Toiletten auf ihren Schlössern?

Apropos Baderäume – wie wäre es jetzt mit einer Ganzkörpererfrischung? Ganz in der Nähe vom Schloss gibt es ein **Freizeitbad**, mit Sprungturm, Kinderplantschbecken, Erlebnisbereich, Whirlpool und Sauna. Der Weg dorthin ist leicht zu finden. Wir gehen links aus dem Schloss durch den Park halten uns nach der Brücke rechts. Dann geht es entlang des „Mühlenredder" vor bis zur T-Kreuzung und links von uns sehen wir schon die Fahrradständer und den Eingang zum Schwimmbad **„Badlantic"**.

Löwenstarke Erlebnisse in Ahrensburg wecken die Abenteuerlust

Wenn wir die Straße weiter vor laufen, dann kommen wir bald an eine große Kreuzung, die wir überqueren, um zum Marktplatz zu gelangen. Zeit für ein Eis? Für den großen Hunger empfiehlt sich das kinderfreundliche, griechische Restaurant, an dem wir auf dem Weg zum Schloss schon vorbeigegangen sind. Jetzt erreichen wir es binnen fünf Minuten, wenn wir Rathaus und Bibliothek im Rücken, über den Marktplatz und dann weiter entlang der kleinen Kopfsteinpflasterstraße gehen. Linker Hand sehen wir die Zeile mit den neuen, roten Backsteinhäusern und finden eine Auswahl von Gaststätten. Nach dem Essen könnten wir auf dem Weg zum Bahnhof noch einen kleinen Schaufensterbummel anschließen. Folgen wir also nach links dem Verlauf der großen Straße und wählen an der dreiarmigen Kreuzung die Straße in der Mitte, die uns direkt zu den Bahngleisen und dann rechts zurück zum Bahnhof führt.

Wie kommt man nach Ahrensburg?

Bahn:	S 4 ab Hamburg, Hamburg – Ahrensburg – Bad Oldesloe – Lübeck.
PKW:	B 75 oder A 1, Abfahrt Ahrensburg, Parkmöglichkeiten am Schloss und hinter dem Marstallgebäude oder PR am S-Bahnhof Ahrensburg

Stadtverwaltung
Rathausplatz 1, 22926 Ahrensburg

Auskünfte:	Telefon/Fax 0 41 02/5 06 60
Internet:	www.ahrensburg.de

Schlossmuseum
Lübecker Straße 1, 22926 Ahrensburg

Öffnungszeiten:	April bis September	11.00 – 17.00 Uhr
	Oktober bis März	11.00 – 15.30 Uhr
	montags	Ruhetag
Auskünfte:	Telefon 0 41 02/4 25 10	

„Badlantic"
Reeshoop 60, 22926 Ahrensburg

Öffnungszeiten:	montags und freitags	6.30 – 20.30 Uhr
	dienstags bis donnerstags	6.30 – 22.00 Uhr
	samstags, sonntags	9.00 – 19.00 Uhr
Eintritt:	richtet sich nach Länge des Aufenthaltes	
Auskünfte:	Telefon 0 41 02/48 28-0, Fax /43 00-28	

Tipp:
Unbedingt nach dem museumspädagogischen Angebot im Schloss fragen, denn mit dem Wechsel in der Museumsleitung kam frischer Wind ins Konzept. Kindergeburtstage und andere neue kindgerechte Angebote runden nun den heutigen Nutzwert des Schlosses ab. Mal ganz abgesehen davon, dass der Wassergraben bei klirrender Kälte zur weltschönsten Eislauffläche wird.

34 Zu unglaublich schönen Spinnern, Gauklern und Monarchen

Im Sachsenwald nach Aumühle

Vielerorts an den Auen gab es Wassermühlen. So kommt das Wort „Aumühle" bundesweit 44 Mal als Ortsname oder Teil eines Ortsnamens vor. Im südöstlichen Schleswig-Holstein, im **Aumühle** des Sachsenwaldes, können die Kinder viel Wissenswertes über den ehemaligen Reichskanzler Otto von Bismarck und seine Familie erfahren.

Vom S-Bahnhof Friedrichsruh sind es etwa neun Minuten Fußweg – einfach den Schildern zu den berühmten Schmetterlingen folgen. Ein etwas längerer Spaziergang wäre es ab Bahnhof Aumühle, einmal über die Straße in den Wald, immer geradezu direkt zum **Garten der Schmetterlinge**. Traumhaft schön ist der **„Singende Wassergarten"** und jener **Duftgarten**, der einst zur Fürstlich-von-Bismarckschen-Schlossgärtnerei gehörte. Ja, hier gibt es so manches Geheimnis zu lüften. Wie wäre es also mit einer kleinen Suchaktion: Die Kinder machen sich auf, um einen gewissen „Hube" zu finden. Selbst in seinem eigenen Terrarium ist er gut versteckt, und ist somit eine echte Herausforderung für die jungen Spürnasen. Hube, der als Chamäleon von Natur aus ein wirklicher Profi in Sachen Tarnung ist, lebt hier auf dem Gelände. Aber wo? Fündig werden sie bei Schmetterlingen, deren Flügel wie Eulen aussehen können, und anderen eher scheinbar unscheinbaren Tieren. Hube lebt hier also in bester Tarn-Gesellschaft. Aber es gibt unter den Schmetterlingen ja bekanntlich auch jene Exemplare, die durch Muster und Farbkombination dem Feind signalisieren: Stopp, nicht fressen, ich bin für dich unbekömmlich! Anhand anschaulicher Lehrtafeln können die Kinder Wissenswertes über die Falter nachvollziehen. Schmetterlinge sind zunächst fast nimmersatte Raupen. Aus einem langen Faden spinnen sie in der nächsten Entwicklungsstufe einen Kokon, um sich in dieser schützenden Hülle zu jenen schönen Lebewesen zu entwickeln, wie wir sie zum Beispiel im Garten der Schmetterlinge auf der Suche nach Nektar von Blüte zu Blüte schwebend bewundern dürfen. Aber wie oft muss ein Kind um den Sportplatz laufen, um die Meterzahl eines im Kokon verarbeiteten Fadens abzulaufen? Noch einer Frage kommen die Kinder hier auf eine höchst interessante Weise näher: Welche Geräusche kann Wasser machen? Da gibt es das Plätschern der Wellen, das Rauschen eines Wasserfalls, das Sprudeln einer Quelle. Aber wie mag es wohl klingen, wenn Wasser durch Bambusrohre strömt oder verschiedene Objekte in Schwingung versetzt und Klangspiele zu Tönen werden? 1992 hat die Fürstin Elisabeth von Bismarck in dem 260 Quadratmeter großen Glashaus den „Singenden Wassergarten" geschaffen und seitdem verzaubert die in Deutschland einmalige Klangwelt ihre großen und kleinen Besucher.

Die Schautafeln erfreuen sich auch bei den Schmetterlingen größter Beliebtheit

Und nachdem die Kinder auf dem Freigelände noch eine Nase voll Rosenduft geschnuppert haben und am *Libellenteich* diesen äußerst manövrierfähigen Insekten zugeschaut haben, ist es Zeit für ein weiteres Ausflugsziel, wie zum Beispiel das *Bismarckmuseum* oder die Stiftung hinter dem Gelände. Noch ein lohnenswertes Ausflugsziel ist das Eisenbahnmuseum in Aumühle. Im alten Lokschuppen des früheren Bahnbetriebswerkes Aumühle waren einst die Dampfloks des Hamburger Vorortverkehrs stationiert. Auf dem Museumsgelände gibt es zur besonderen Freude der eisenbahnbegeisterten Kinder eine Feldbahnanlage, die am Wochenende für die Besucher in Betrieb ist.

i

Wie kommt man nach Aumühle?

Bahn:	Nahverkehr ab Hamburg Hauptbahnhof
PKW:	A 1, Ausfahrt Reinbek, den Hinweisschildern folgen, B 404 Schwarzenbek, dann B 207 Richtung Hamburg, in Dassendorf den Hinweisschildern folgen

Garten der Schmetterlinge
Fürstlich-von-Bismarcksche Schlossgärtnerei, 21521 Friedrichsruh

Öffnungszeiten:	Ostern bis Mitte Oktober	
	täglich	9.00 – 18.00 Uhr
Eintritt:	Kinder	Euro 3,00
	Erwachsene	Euro 4,50
	Ermäßigung für Familien (ab 3 Kinder)	
Auskünfte:	Telefon 0 41 04/60 37	

Lokschuppen Aumühle – Eisenbahnmuseum
Am Gleise, 21521 Aumühle

Öffnungszeiten:	samstags, sonntags	12.00 – 18.00 Uhr
Eintritt:	frei, außer bei Veranstaltungen (bitte über Auskünfte erfragen)	
Auskünfte:	Telefon 0 41 04/17 91 oder 0 40/6 53 18 75	

Tipp:
Mit dem Slogan „Machen Sie preußisch blau" wird für das Mineralwasser „Fürst Bismarck" geworben. Besonders für Schulkinder ist eine Besichtigung der Abfüllanlagen sehr spannend. Nach vorheriger Anmeldung können Gruppen ab 20 Personen montags bis donnerstags in den Zeiten 10.30 Uhr und 14.00 Uhr den Produktionsbetrieb der Fürst-Bismarck-Quelle (gehört zur Nestlé Water Group) in der Schönningstedter Straße anschauen. Anmeldung unter Telefon 0 41 04/6 98-0.

Till Eulenspiegel führt alle an der Nase rum

In Mölln einem Schelm auf den Spuren

Wer kennt sie nicht, die „Eulenspiegelei"? Es ist laut Duden ein Ausdruck im Sinne von „Schelmenstück". Ein Streich eben, den man jemandem spielt, indem man ihn zum Narren hält. Till Eulenspiegel war ein Meister dieses Fachs. Er war ein so genannter „Schalknarr", der um 1350 in **Mölln** an der Pest verstarb. Den Namen Till Eulenspiegel bekam er erst später und wurde zum Helden eines ursprünglich niederdeutschen Volksbuches (Lübeck 1478). Die Schanksammlung ist in eine Rahmenhandlung eingefügt, in der Eulenspiegel in allen Situationen mit Mutterwitz und Bauernschläue überlegen bleibt. Seine Streiche beruhen oft auf dem Wörtlichnehmen einer bildhaften Aussage. Ein Beispiel für seine Ideen und Tricks:

Till Eulenspiegel, der zum Ende seines Lebens mit wachsender Begeisterung die Stadtvertreter von Mölln zum Narren hielt, wünschte sich nach seinem Tode ein Grab in seiner Wahlheimat. Als Gegenleistung versprach er einen Schatz. Die misstrauischen Verantwortlichen ließen sich die schwere Schatzkiste übergeben und versprachen, sie nach der Beerdigung zu öffnen. So verstarb der Schalk, wurde begraben und emsig öffnete man besagte Kiste. Doch was fanden die enttäuschten Herrschaften vor? Steine, viele große Steine. Gewissermaßen wurden sie zum Schatz der Stadt, denn verlegt auf dem Marktplatz sind sie Etappenziel auf jeder Stadtwanderung. Den Marktplatz erreichen wir vom Bahnhof aus Richtung Norden über die „Haupt-" und dann die „Marktstraße". Übrigens können sich kleine und große Möllnbesucher von Till Eulenspiegel am Eulenspiegelbrunnen der standesgemäßen Narrentaufe unterziehen. Geboren und getauft wurde Eulenspiegel eigentlich in Niedersachsen („Mit Kindern unterwegs: In Niedersachsen", 2003). Gebucht wird die Möllner Eulenspiegel-Taufe über die hiesige Städtische Kurverwaltung. Mit der Taufurkunde in der Hand geht es weiter direkt ins **Eulenspiegel-Museum**. Am Ziegenmarkt und der St. Nicolai Kirche vorbei kommen wir am bebauten Ufer des Stadtsees zur „Hauptstraße", biegen an ihrem Ende rechts ein in die „Schmielauer Straße" und kommen an eine große Kreuzung, überqueren sie und gelangen rechts (den Hinweisschildern folgen) über die „Sterleyer Straße" links in die Straße „Am Hegesee". An der Weggabelung halten wir uns rechts und kommen so zum *Wildpark*, weiter in den „Birkenweg", rechts hoch zum *Aussichtsturm* der am Ende vom *Klüschenberg* steht. Dann gilt es, den **Kurpark** zu erkunden: Kneippsche Wassertretbecken, Freischachanlage und Konzertpavillon laden zu neuen Erkundungen ein. Ach ja, und ehe wir uns versehen, sind die Kinder wieder bei der Minigolfanlage angekommen, die wir nach unserem Wildparkbesuch am „Birkenweg" rechts zurückließen.

Um zum Bahnhof zu gelangen, wenden wir dem Kurmittelhaus die linke Schulter zu und gehen zur „Bergstraße“, die auf ZOB, Parkplatz und links runter auf die „Hauptstraße“ mit Bahnhof trifft.

Zwei Schelme begegnen sich

Wie kommt man nach Mölln?

Bahn:	ab Lübeck oder Büchen bis Mölln; ab Hamburg-Bergedorf, Lübeck und Lüneburg gibt es zusätzlich Busverbindungen
PKW:	B 207 bis Mölln

Städtische Kurverwaltung
Kurzentrum, 23789 Mölln/Lauenburg

Auskünfte:	Telefon 0 45 42/70 99, Fax /8 86 56
Internet:	www.moelln.de
e-Mail:	Stadt_moelln@t-online.de

Eulenspiegel-Museum
Am Markt 2, 23879 Mölln

Öffnungszeiten:	dienstags bis freitags	10.00 – 12.00 Uhr
	und	14.00 – 17.00 Uhr
	samstags, sonntags	10.30 – 12.30 Uhr
	und	13.30 – 17.00 Uhr
Eintritt:	Kinder	Euro 1,00
	Erwachsene	Euro 2,00
	Gruppen:	
	Kinder (ab 10 Pers.) je	Euro 0,50
	Erwachsene (ab 10 Pers.) je	Euro 1,00

Die Eintrittskarten für das Eulenspiegel-Museum sind Verbundkarten mit dem Stadtmuseum im Historischen Rathaus, Am Markt 12, Telefon/Fax siehe Eulenspiegel-Museum.

Auskünfte:	Telefon 0 45 42/83 54 62, Fax /83 65 03

Tipp:
Die Ortsgruppen des Naturschutzbundes Deutschland e. V. (NABU) bieten im Kreis Herzogtum Lauenburg hervorragend geführte Wanderungen an. Kontakt in Mölln: Heinz-Achim Borck (Telefon 0 45 42/76 88).

Ortsliste (mit Kapitelangaben)

144 Seiten,
29 Farbfotos,
18 Karten

Kinder wollen nicht nur radeln, sie wollen auch forschen und entdecken, spielen und plantschen. Ob Fußballstadien, Segelflugplatz, Streichelzoo, ob Telefonmuseum oder Natur pur – **Torsten Kiehne** bietet in seinem Radwanderführer für Familien Touren in und um Hamburg an, bei denen die Interessen und Möglichkeiten der Kinder im Vordergrund stehen.

Dank detaillierter Info-Teile, die nicht nur Anfahrtswege, sondern auch Öffnungszeiten, Preise und Telefonnummern der Sehenswürdigkeiten enthalten, lassen sich die Ausflüge bestens vorbereiten und problemlos durchführen. Speziell angefertigte Tourenkarten machen diesen Führer zu einem unentbehrlichen Begleiter einer jeden Familienradtour.

ISBN 3-87230-574-3

144 Seiten,
28 Farbfotos,
18 Karten

Familienausflüge mit dem Fahrrad zu Zielen wie aus dem Bilderbuch. „Viel zu viele Ziele“ – schon nach kurzer Zeit war unserer Autorin **Bettina Schümann** klar, dass sie mit einem einzigen Buch zu viele ihrer Lieblingsziele nicht ausführen könnte. So konzentriert sie sich in ihrem ersten Band (ein Folgeband erscheint im Frühjahr 2003) ganz auf das Gebiet vom südlichen Isartal ins Fünf-Seen-Land.

Dabei legt sie Wert auf die Anreise mit dem MVV, auf Strecken für Kinder jeden Alters und natürlich auf Ziele entlang der Route zum Staunen und Spielen, Baden und Plantschen, Rasten und Ruhen. Auch die Großen kommen nicht zu kurz: Sehnsüchtige Verzweiflung befiel unser Lektorat bei jeder Erwähnung eines Biergarten oder Strandbades.

Detaillierte Info-Teile und speziell angefertigte Karten erleichtern die Planung des Familienausfluges.

ISBN: 3-87230-575-1

168 Seiten, 36 Farbfotos

Nach ausgedehnten Touren mit kleinen und großen Freunden stellte unsere Autorin **Renate Nuppenau** entsprechend dem Wissensdurst und dem Bewegungsdrang der Kinder eine ideale Planungsgrundlage für viele gelungene Ausflüge zusammen. Wanderungen zu Ferkeltaxis, Sterntalern, Kobolden und Zirkusbären, Spielplätzen, Badestellen und vielen anderen Zielen bieten tolle Anreize, mit Kindern im schönen Land Brandenburg unterwegs zu sein. Ein ausführlicher Info-Teil am Ende jedes Kapitels gibt Auskunft über Anfahrtswege, Öffnungszeiten, Eintrittspreise u. v. m.

ISBN 3-872630-571-9

144 Seiten, 31 Schwarzweißfotos

Kinder und Großstadt, passt das überhaupt zusammen? Diese Frage muss unbedingt mit „Ja“ beantwortet werden, denn vom Brandenburger Platz bis zum Alexanderplatz und vom Zoologischen Garten bis zur Siegessäule gibt es für Kinder allerhand tolle Sachen zu erleben. Die Autorin **Kristine Jaath** hat auch Ausflüge ins Grüne zum Wannsee oder in den Spandauer Forst eingeplant. Wer nicht mehr laufen will, der nimmt den Bus oder fährt mit dem Schiff auf der Spree. Ein ausführlicher Info-Teil am Ende jedes Kapitels gibt Auskunft über Öffnungszeiten, Anfahrtswege, Eintrittspreise u. v. m.

ISBN 3-87230-558-1

168 Seiten, 26 Schwarzweißfotos, 7 Kartenskizzen

Familien und Schulklassen, die im Westerwald unterwegs sind, haben es wahrlich nicht leicht, denn die Autorin **Renate Florl** hat 30 verlockende Ausflüge zusammengestellt, unter denen sie auswählen müssen: Wie wär's mit einer Wanderung auf den zweithöchsten Gipfel des Westerwaldes, mit einer Schifffahrt auf dem Wiesensee oder mit einer gruseligen Tour zur Drachenhöhle, zum Drachenfels oder zur Drachenburg? Wer möchte einen Kindergeburtstag im Bergwerksmuseum Herdorf-Sassenroth feiern? Die einzelnen Kapitel werden durch Info-Teile mit Öffnungszeiten, Eintrittspreisen, Telefonnummern... abgerundet.

ISBN: 3-87230-552-2

144 Seiten, 34 Schwarzweißfotos, 8 Kartenskizzen

Bei Familienausflügen im Bergischen Land beeindrucken nicht nur die landschaftlichen Reize dieser schönen Region, die von **Renate Florl** vorgestellten Tagestouren lassen sich auch leicht mit dem Besuch aufregender Attraktionen und Sehenswürdigkeiten verbinden: Der Märchenwald Altenberg verzaubert die Besucher mit zahlreichen Darstellungen Grimm'scher Märchen; in die Geschichte der Menschheit entführt uns das Neanderthal-Museum bei Hochdahl; wer keine Lust mehr hat zu laufen, macht eine Fahrt mit der Bergischen Postkutsche oder nimmt die Wuppertaler Schwebebahn. Langweilig wird es bestimmt nicht, dafür sorgen auch die unterhaltsamen Spielideen für unterwegs.

ISBN: 3-87230-553-0

120 Seiten, 27 Schwarzweißfotos

Im Harz unterwegs zu sein macht Spaß ... so unser Autor **Wolfgang Knape**. Wenn man seinen Tourenvorschlägen folgt, muss man ihm einfach zustimmen. In jeder Himmelsrichtung durchstreift er das nördlichste deutsche Mittelgebirge. Dabei geht es durch wildromantische Felsentäler, vorbei an Burgen, Schlössern, tiefen Gruben und geheimnisvollen Höhlen, bis zu historischen Städten wie Goslar, den berühmten Harzer Schmalspurbahnen oder dem Harzfalkenhof bei Bad Sachsa. Wüssten Sie nicht auch gerne, wo die Hexen tanzen oder wo man sogar im Sommer Schneemänner bauen kann?

ISBN: 3-87230-537-9

132 Seiten, 29 Schwarzweißfotos, 10 Kartenskizzen

Seit 1991 ist die Rhön eines von 300 weltweit anerkannten Biosphärenreservaten der Weltkulturorganisation UNESCO. Sie stellt eine nahezu unerschöpfliche Fundgrube für immer neue Entdeckungen dar. Burgen und Klöster beflügeln als Überbleibsel längst vergangener Zeiten die Fantasie, und neben der reichen Flora und Fauna sind auch gewaltige Felsformationen zu sehen. Mit diesem Wanderführer von **Gerrit-Richard Ranft** ist Langeweile ein Fremdwort.

Neben ausführlichen Routenbeschreibungen, detaillierten Skizzen und interessanten Informationen zu Geschichte, Geographie und Geologie findet man am Ende jedes Kapitels einen Info-Teil mit zusätzlichen Hinweisen auf Anfahrtswege, Öffnungszeiten, Eintrittspreise und Einkehrmöglichkeiten.

ISBN: 3-87230-538-7

84 Seiten, 35 Schwarzweißfotos, 21 Kartenskizzen

Den Spreewald – das „Venedig“ von Brandenburg und eine der eigenwilligsten Naturlandschaften Europas – prägen urwüchsige Wälder, unzählige Fließe, blühende Wiesen und idyllische Seen. Über Jahrhunderte entstand diese außergewöhnliche Flusslandschaft, die einer reichen Tier- und Pflanzenwelt Heimstatt bietet. Unser Autor **Heinz Pflanz** versteht es, Kindern die Geschichte und die einmalige Natur dieser Landschaft nahezubringen. Die Touren bieten viel Abwechslung, enthalten Hinweise zu Naturbeobachtungen und einfachen Untersuchungen und natürlich, wie gewohnt, ausführliche Routenbeschreibungen im Info-Teil des jeweiligen Kapitels.

ISBN: 3-87230-535-2

156 Seiten, 35 Schwarzweißfotos, 21 Kartenskizzen

Die Sächsische Schweiz mit Kindern erleben! Unsere Autorin **Renate Florl** hat mit ihrer Familie selbst erfahren, welche unglaublichen Erlebnisse in diesem Wandergebiet möglich sind. Die Kinder konnten nicht schnell genug aus dem Haus kommen, um neue Ziele anzusteuern, neue Aussichten zu genießen und einen für sie völlig neuen Teil Deutschlands kennen zu lernen. Die begeisternde Art, diese Ausflüge zu schildern, macht allein schon die Lektüre dieses Familienwanderführers zum Erlebnis. Alle notwendigen Informationen sind, wie gewohnt, am Ende eines jeden Kapitels zusammengefasst.

ISBN: 3-87230-541-7